Une femme libre

Du même auteur

Gérard Depardieu, Grandeur nature, Flammarion, 2010
Michel Sardou, Les images de ma vie, Flammarion, 2011
Michel Sardou, En Chantant, Flammarion, 2012

POPculture
Collection dirigée par Laurent Chollet

Direction artistique : Paul-Raymond Cohen
Direction d'ouvrage : François Guillaume
Fabrication : Élodie Conjat-Cuvelier
Photogravure : Quat'coul
Impression : Loire Offset Titoulet

Achevé d'imprimer en France, à Saint-Étienne
ISBN : 978-2-0813-0789-6

Mireille Darc
Richard Melloul

Une femme libre

Flammarion

Préface

En 1983, je suis dans la loge de Michel Sardou lors de son spectacle au Palais des Congrès. Une femme entre pour féliciter l'artiste accompagnée d'Alain Delon. C'est Mireille Darc : blonde, souriante, lumineuse, plus Galia que jamais. Je sais qu'elle s'occupe de restaurer un palais à Marrakech, acquis il y a peu de temps. Personne n'a jamais vu cette demeure, dont on dit qu'elle est somptueuse. Un peu intimidé, j'ose : « Si un jour vous décidez de montrer votre maison, je serai ravi de le faire avec vous. » Sans trop y croire. La réponse est instantanée : « Je pars demain, venez avec moi. » Tellement surpris par sa spontanéité, j'arrive à bafouiller : « Euh, non, demain, j'ai un rendez-vous. » En fait, rien ne me retient à Paris. Je suis juste pris de court. Passé le moment d'hésitation, bien sûr, je prends l'avion le surlendemain.

De cette rencontre impromptue est née une amitié qui dure encore. Au fil des ans, j'ai compris qui était Mireille Darc : une femme qui ne fait rien à moitié, qui s'investit totalement dans ses projets, dont la fidélité est absolue, et dont le regard est ouvert sur l'extérieur – elle ne s'intéresse qu'aux autres. Mireille Darc est libre. Libre du passé, libre de ton, libre de sentiments. Cette liberté lui permet d'être disponible dans la seconde. Quand nous travaillons ensemble, elle donne tout, elle ne retient rien.

La vie ne l'a pas épargnée : deux opérations du cœur, un accident dramatique. Elle a su se réinventer, se reconstruire, refaire sa vie. Elle n'a jamais sombré, elle a toujours surmonté. C'est une femme du soleil.

Le secret de Mireille Darc ? L'amour de la vie. Il est présent dans chaque page de ce livre, dans chaque photo, dans chaque regard.

C'est une femme libre.

Richard Melloul

À 4 ans, mon Dieu, les choses sont simples : je suis bien, dans les amandiers. Je suis installée dans une sorte d'éternité. J'attends le soir, car c'est l'instant où je vais dormir avec ma mère. C'est un grand moment, pour moi. Parfois, je m'endors sur une chaise, non loin de ma mère, en attendant qu'on aille au lit. Couchée, je me colle contre elle, je respire son odeur, je sais que je l'aime profondément. Le manque de dialogue, le mensonge qui rôde dans la famille, ne m'empêchent pas d'éprouver pour maman une immense tendresse.

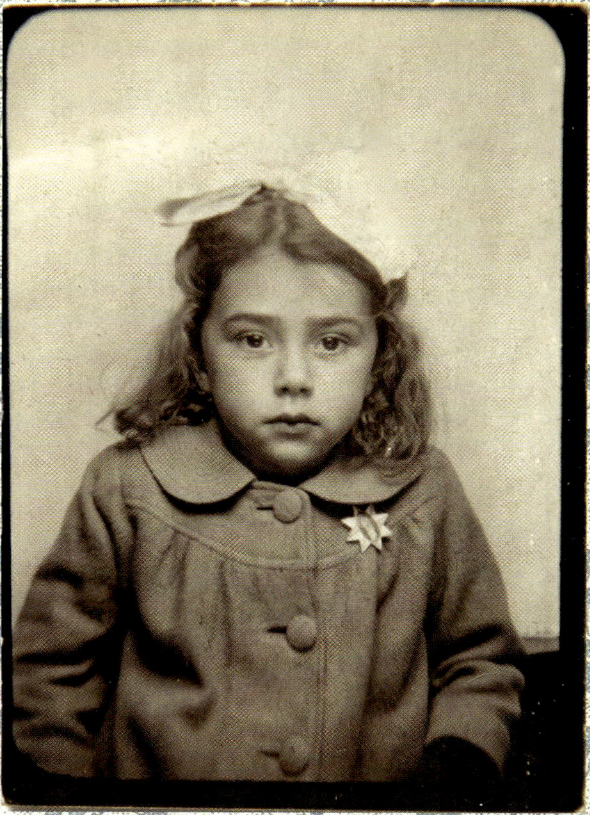

L'enfance

Mireille Darc est née le 15 mai 1938 à Toulon.
Elle y passera son enfance. Après le collège de jeunes filles,
elle entre au Conservatoire de Toulon, où elle a notamment pour condisciple
Henri Tisot. Elle en sort en 1957 avec un prix d'excellence
et décidera de devenir comédienne.

Mon enfance a été grise. Mais, quand on est enfant, tout est normal. Les hauts et les bas, les bons moments et les autres, les paysages d'été et les horizons d'automne. Les jours se suivent, les nuits s'enchaînent, rien n'est hors du commun : les catastrophes sont incompréhensibles, les guerres passent, la misère est banale. Comment un enfant pourrait-il comprendre ? Mon père, Marcel, avait ses humeurs. On ne savait jamais ce qu'il pensait, dans quel état d'esprit il serait en arrivant. Il lui arrivait de ne plus parler pendant six semaines. Puis, tout d'un coup, il reprenait la parole. Ces changements étaient très déstabilisants, pour un enfant. Ma mère, Gabrielle, était originaire des Basses-Alpes. Elle ne se plaignait jamais, elle était très forte. Même si la vie était dure, elle assumait, avec le sourire. Manquait-elle d'amour ? L'enfant que j'étais le ressentait ainsi. Toujours est-il qu'elle essayait d'insuffler un peu d'air dans la maisonnée. J'ai ce souvenir de mes petites années : une existence difficile, parfois ponctuée de petits bonheurs – une robe rafistolée, une rondelle de saucisson, un rayon de soleil. Et ce jardin que mon père cultivait, derrière la maison, combien y ai-je passé de temps ? Mon père cultivait ses légumes, tomates, pommes de terre, et j'aimais cet endroit calme où de grands amandiers poussaient. Plus tard, j'ai contacté un médium – j'ai écrit un livre sur ce sujet – pour comprendre le passé. Le doute, alors, s'est établi : mon père est-il réellement mon père ? Pendant un temps, cette interrogation m'a hantée. Mais aujourd'hui, j'ai fait la paix avec mon père. C'est lui qui m'a élevée, malgré les

J'ai 5 ans. Le ruban dans les cheveux, ma mère y tenait beaucoup.

difficultés de la vie. Mon père, Marcel Aigroz, est resté mon père, dans mon cœur et dans ma tête. Le doute ne me fait plus souffrir. Il fait partie de ma vie, profondément. J'ai interrogé ma mère, sans la brusquer, plus tard. Cette femme qui a respecté son mari envers et contre tout, ne m'a pas répondu.

Il y avait un malaise entre moi et mon père. Ce qui n'empêchait pas la tendresse. Nous allions en ville, parfois. J'ai même une photo où il me tient par la main, et je vois, sur cette image, un père et une fille heureux d'être ensemble…

Nous vivions dans une maison désordonnée, où je voyais ma mère prendre, rarement, quelque repos. Elle était vaillante, ma mère. Je la regardais avec admiration. Quand une cliente entrait, faisant sonner le rideau de perles de bois, elle se levait, se mettait à sourire, et servait la visiteuse, avec gentillesse. Les légumes de mon père étaient vendus à l'épicerie et nous permettaient aussi de troquer, avec les voisins : un peu de beurre, un peu de viande. Ma mère, probablement, ne mangeait pas à sa faim, elle donnait tout à ses enfants. Elle pouvait offrir deux dahlias ou deux tomates à une voisine, et on louait sa gentillesse. La route, devant l'épicerie, n'était pas large : il fallait faire attention, en sortant. Les voitures et les camions qui passaient faisaient bouger le rideau de perles de bois, qui tintaient. On entendait aussi la clochette du tramway, qui passait devant la maison, régulièrement. Le chauffeur disait ainsi bonjour à ma mère : ding, ding, ding. C'était comme une petite musique… Le tramway a disparu, mais la maison, aujourd'hui, existe encore. Et les amandiers, qui sont des arbres qui ne vivent pas vieux, sont toujours là. Quand je passe à Toulon, je ne manque jamais d'aller les voir.

Avec Maurice et dans les bras de Roger (1938).
Avec ma mère dans le jardin de de la maison (1938).

Nous étions pauvres, mais mes parents n'avaient pas honte de cette pauvreté.

Deux frères aînés, une petite épicerie à Toulon, un lopin de terre, une maison : la famille Aigroz était riche d'espoirs, mais de rien d'autre. Ma mère, si jolie à regarder,

Dans les bras d'une voisine.

Avec Roger (à g.) et Maurice (1942).

En costume traditionnel niçois, avec une petite voisine, Monique.

si racée, aurait pu être bohémienne. Presque quadragénaire, elle faisait de son mieux : je la revois avec des pinces entre les lèvres, étendant le linge à sécher dans le jardin. Les draps mouillés étaient lourds, et le linge traînait, dans la maison. Ma mère n'avait guère de temps. Elle était surtout derrière la caisse de l'épicerie. Dans une cabane de planches et de tôle, il y avait quelques sacs de pois cassés, des boîtes de poudre Lux, du savon en paillettes. Mais, surtout, il y avait des amoncellements : de pommes, de salades, de patates, de tomates. C'était une toute petite boutique, qui avait du mal à nous faire vivre, mais qui avait le mérite d'exister. Il n'y avait pas le confort moderne, mais qu'importe ? L'électricité ? Même pas en rêve. L'eau courante ? Bon pour les bourgeois. L'eau chaude ? On s'en était passé depuis des siècles, on s'en passera encore. Le magasin était une épicerie à l'ancienne : les odeurs se mêlaient, café, fruits, poussière. C'est là que les mères de famille se rencontraient, bavardaient, le cabas à la main, et échangeaient quelques potins. L'épicerie, thermomètre du quartier. Ma mère, sans cesse, travaillait. Au magasin, ou bien pour la maison. Les rares moments de liberté, elle les mettait à profit pour récupérer.

D'où suis-je issue ? Le passé de la famille, on n'en parlait pas. Ma mère évoquait parfois son frère, Baptistin, qui avait fait la Grande Guerre. Mais c'est tout : les racines avaient peu d'importance. Parfois, j'avais droit à des confidences sur ma grand-mère, qui était une femme de la campagne, et qui s'était épuisée dans les travaux de la ferme. Il y avait des bergers dans la famille, dont Baptistin, et plus tard, quand je me rendrai dans le village de ma mère, j'y constaterai une chose : l'extrême misère de cette vie. Bêtes et gens vivaient ensemble – pour garder la chaleur. Du côté de mon père, la famille était suisse, d'Yverdon, dans le canton de Vaud : paysans, aussi, mais moins miséreux. Le frère de mon père était charpentier. Mon père, lui, se destinait à l'horticulture, dans sa jeunesse... L'examen du passé s'arrêtait là. D'où venaient les Aigroz ? Quelle était l'origine de la famille de ma mère ? Personne n'en parlait. C'est comme si nous étions nés par génération spontanée. La pauvreté produit cet effet : on se resserre sur le présent, on cherche à survivre encore un jour, et ce qui s'est déroulé au siècle précédent, mon Dieu, n'a aucune importance. Ce qui importe, c'est le prochain repas.

Souvent, mes parents s'ignoraient mutuellement. Sans parler, ils se comprenaient entre eux. Le silence, entre eux, était un lien. Ma mère, pourtant, avait été amoureuse de son mari, autrefois. Elle avait été en Suisse, pour rencontrer la famille. Présentation ratée : ma mère n'avait pas compris les Suisses, et ceux-ci ne l'avaient pas comprise non plus. Elle s'était repliée sur elle-même, un peu meurtrie. Arrivée à Toulon comme nounou – elle gardait des enfants, les accompagnait à l'école – elle avait été « Mademoiselle ». Avec mon père, elle avait certainement connu des moments de complicité. Puis les années avaient passé.

Tandis que mon père passait son temps à faire pousser ses batavias et ses topinambours, ma mère servait les clientes. Le quartier, alors, était encore provincial : des chemins de terre traversaient les courettes, les muletiers venaient avec leurs bêtes vendre leur cargaison de lavande, et les maisons n'étaient pas écrasées par des HLM. C'était, en somme, un peu la campagne. À l'époque, on nommait ces quartiers indécis des « faubourgs ».

Il y avait des Italiens, des Corses et des marins bretons. Tout autour de nous, l'odeur d'ail, la chaleur du soleil et la fraternité des pauvres... On entendait partout l'accent chaleureux du Midi – sauf dans la bouche de mon père. Son caractère instable en faisait un homme singulier, bipolaire. Mes petites années restent floues, dans ma mémoire.

⋆
⋆ ⋆

1942. Je me souviens d'un nuage noir qui surplombe la ville. On ne verra pas le soleil pendant trois jours, caché derrière une fumée épaisse, âcre. Je n'en sais rien, je suis trop petite, mais c'est la flotte française qui vient de se saborder, au lieu de se mettre au service des Alliés. Je suis assise devant une verveine, et les poules qui m'entourent me rassurent. Contrairement aux autres enfants, je n'ai pas de poupée, pas de nounours, pas de doudou. J'aime les poules, et je me raconte des histoires. Le nuage m'inquiète, il est menaçant. Tout le monde regarde, les gens toussent.

Malgré mon jeune âge, malgré mes quatre ans, je me souviens de cet obscurcissement soudain. Cette fumée dense, ces rouleaux épais nés de la combustion du naphte, cette odeur de brûlé qui envahit la ville préfigure le destin de la France : tout s'est assombri. Et, dans quelques jours, ma vie va changer. Plus tard, je commencerai à déchiffrer cette mauvaise humeur. Mais, à 4 ans, mon Dieu, les choses sont simples : je suis bien, dans les amandiers. Je suis installée dans une sorte d'éternité. J'attends le soir, car c'est l'instant où je vais dormir avec ma mère. C'est un grand moment, pour moi. Parfois, je m'endors sur une chaise, non loin de ma mère, en attendant qu'on aille au lit. Couchée, je me colle contre elle, je respire son odeur, je sais que je l'aime profondément. Le manque de dialogue, le mensonge qui rôde dans la famille, ne m'empêchent pas d'éprouver pour maman une immense tendresse. Et même si ma mère n'est pas une démonstrative, même si elle est parfois un peu lointaine, ce n'est rien à côté de sa sœur, Henriette, qui, lors de ses rares visites, est très dure avec moi. Elle n'a pas d'enfant. Je sens que derrière les papotages de ces deux femmes, il y a quelque chose de peu franc. Quand je m'approche d'elles, elles changent de ton, ou s'arrêtent carrément. Et quand je vais chez tante Henriette pour déjeuner, ce n'est pas la joie… Plus tard, quand j'aurai en main le livret de famille de mes grands-parents, j'apprendrai qu'il y a une autre sœur, dont je n'ai jamais entendu parler. Que s'est-il passé ? Le non-dit règne. C'est l'époque : on ne parle pas aux enfants, on vit avec des secrets. Je reste avec mes points d'interrogation.

Rien ne semble devoir changer, dans cette vie réglée. Sauf que… Sauf que, brusquement, je suis expédiée ailleurs. Brusquement, la guerre est à notre porte. La famille suisse se propose de récupérer les enfants pour les vacances. Nous allons y rester bien plus longtemps.

Mes parents acceptent. Outre les difficultés de la vie quotidienne, le rationnement, la cherté des biens, le manque de vivres, il y a le danger. Les énormes explosions qui ont fait couler les bateaux français ont déclenché une alerte sourde : la guerre, ce n'est pas seulement la « drôle de guerre », faite d'attente et de vacances, mais c'est aussi des balles, des obus, des morts. La réaction normale est de mettre les enfants en sécurité. Moi et mes deux frères, nous prenons la route de la Suisse. Car c'est là que mon père a de la famille : sa sœur Marguerite avec son mari Alfred sont hôteliers.

J'y vais en train, sans doute. Je ne me souviens de rien.

Plans-sur-Bex est un petit village, niché dans la montagne. C'est comme une vallée idéale : l'été, les pics enneigés dominent le paysage, entièrement verdoyant, parsemé de chalets en bois. Des vaches tintinnabulantes paissent gentiment dans les prés semés de gentianes : on se croirait dans une image Suchard. L'hiver, la neige recouvre tout, sans être souillée par les voitures, et on s'attend à voir le Père Noël passer en traîneau. Sauf que le Père Noël, dans mon enfance, je ne l'ai jamais vu, je ne sais même pas qui c'est. Bref, en Suisse, je suis dans un décor à la Blanche-Neige. Des petites routes serpentent entre les arbres, les nuages rasent les sommets, le silence est doux. L'endroit est connu pour ses fleurs sauvages.

Nous sommes en juillet 1942. J'arrive aux Martinets, l'hôtel de la tante Marguerite et l'oncle Alfred. Ma tante nous accueille avec gentillesse. Elle m'indique ma chambre.

Il y a deux étages, et des couloirs. L'immeuble est en bois. Quand il y a du monde, tout craque, c'est vivant. L'hiver, on est seuls, et c'est angoissant, comme dans *Shining*. Je m'ennuie un peu. Par chance, il y a Lassie, la chienne colley de la maison. Elle est amicale et douce, cette grosse bête. J'aime Lassie, et elle me le rend bien. Nous nous épaulons mutuellement. Elle m'accompagne dans mes visites de l'hôtel. Car c'est bien une maison magique : l'eau coule des robinets, la lumière luit quand on appuie sur un bouton, et il y a des radiateurs contre lesquels il fait bon se frotter en hiver. Et il y a de l'eau chaude ! Les premiers bains sont magiques. Je n'en crois pas mon corps, c'est tellement voluptueux ! Je sens bon, j'ai les cheveux propres.

Peu à peu, la vie de Toulon s'efface de ma tête. Le jardin de mon père n'existe plus. Les étagères de Phoscao de ma mère sombrent dans la brume de ma mémoire. Et, à l'école, à partir de septembre, j'apprends à compter. Nous sommes dans une pièce, avec une seule maîtresse, tous niveaux confondus. Mes frères sont dans la même classe que moi, je reste dans mon coin. Il y a un poêle, l'hiver, c'est agréable. Les enfants de Bex ont un accent différent du mien, et ils font tous du ski. Je m'y mets aussi, à la grande joie de Lassie. C'est ma copine.

Les jours passent ainsi, gentiment. La guerre n'existe plus. Mes parents existent de moins en moins. En trois ans, ils ne viendront jamais me voir. C'est normal : le conflit a détruit les lignes de communication, les papiers sont difficiles à obtenir, et la Suisse est une zone de non-guerre. Les lettres mettent beaucoup de temps à arriver et, quand elles arrivent, elles intéressent mes frères, mais pas moi. Je ne suis plus connectée. J'ai lâché. Ma vie est là, en Suisse, et ma tante Marie, qui est couturière, me fait des robes à smocks, que je trouve très jolies.

Les saisons se succèdent, mes frères, l'été, trouvent à s'occuper. Je ne sais pas très bien où je suis, ni qui je suis : je passe insensiblement de cinq à six ans, puis de six à sept ans… L'été, à la belle saison, je suis prise en charge par une autre tante, la tante Émilie, sympa, qui a une fille adolescente. Car l'été, à la belle saison, l'hôtel est plein, et on ne peut guère s'occuper de moi. Je me retrouve donc à Yverdon, au bord d'une « grande eau ». C'est un lac, grand comme une mer, à mes yeux de gamine. Tante Émilie m'apprend à faire des confitures de myrtille.

Je grandis gentiment. Je suis une petite fille sage, un peu étonnée par ce qui m'entoure, certainement assoiffée de tendresse, cette tendresse que personne ne m'accorde, sinon Lassie et, parfois, la tante Émilie. Mais l'amour d'une mère, je ne l'ai pas. Je n'ai même pas ma mère, d'ailleurs. Je ne suis pas la seule, en ces temps troublés, et je ne m'en plains pas, puisque tout a été gommé dans un passé que ma mémoire d'enfant n'a pas retenu. Cet âge de latence, cet âge d'oubli, que tous les enfants traversent, je l'ai très tôt.

Quand la guerre s'achève, tout redevient comme avant. Sauf que cet « avant », je ne sais plus ce que c'est. Je redécouvre la chaleur du Midi, l'affection de ma mère. Quand je la retrouve, je lui dis : « Je ne savais pas que tu étais si belle. » L'amour revient, et je vois que mon père est agacé. Je fais des déclarations d'amour à ma mère, je me sens fautive de l'avoir oubliée à ce point. En revanche, je n'ai pas de mots pour mon père. Je n'ose pas aller vers lui. Je prends ma mère, je la serre dans mes bras, je ne suis plus un bébé, je suis une petite fille. Je commence à sentir des choses... Dans la maison, l'atmosphère est étrange. Il y a comme une tension, quelque chose comme une ombre électrique. Est-ce ma présence qui dérange ? Lassie me manque. Son museau humide, ses cabrioles dans la neige, la chaleur de son cou sur mon ventre, je les regrette. Elle a été ma petite âme, et je ne la reverrai jamais.

Pendant la guerre, avec Maurice et Roger. À 14-15 ans.

Peu à peu, se glisse en moi un curieux sentiment : je me sens coupable d'être entre mes parents. Je mets la sourde colère qui les unit et les désunit sur mon compte. Il me semble que c'est moi qui suis l'élément trouble-fête. Faute d'explication, je prends tout sur moi. Je suis effacée, un peu terrée dans mon coin. Je ne veux pas déranger. Maman, papa, que vous ai-je fait ? Pourquoi êtes-vous si distants, si indifférent ? Qu'est-ce qui motive votre manque au bonheur ? Le soleil est dehors, mais jamais dans la maison. Je me replie sur moi-même. Parfois, j'ai des élans, je me précipite vers ma mère. Avec elle, j'ose.

L'argent manque, évidemment. Les années de guerre, et celles de l'après-guerre, sont rudes. Il y a pénurie de lait, de pain, de viande, de vêtements. La garde-robe suisse me fera deux ans. J'ai souvent les pieds nus, je porte les pantalons rapetassés de mes frères, j'ai des robes qui vont être rallongées au fur et à mesure. Peu à peu, c'est le regard des autres qui me renseignera sur l'état de mes vêtements : les moqueries de petites filles sont dures, parfois, les enfants n'ont pas de pitié entre eux. Je subis.

Les fêtes religieuses ponctuent la vie de la région. Ainsi, au mois de mai, on amène la Vierge chez les familles. On place la statue dans une maison, et on lui fait des offrandes, les gens entrent et sortent, se recueillent et s'en vont. Chaque année, chez nous, c'est un problème. Car la maison est dans un tel désordre… Je me rends bien compte que nous ne sommes pas dans une maison comme les autres. C'est alors que je surprends des regards étonnés, voire méprisants. Les autres enfants me font sentir que c'est sale, chez moi. La différence sociale est là. Je ne reçois jamais mes copines chez moi. Je vis seule, dans mon jardin, sur mes arbres. Ma mère est habillée avec une blouse, boutonnée devant, souvent tachée. Là aussi, je le ressens. J'aurais aimé que ma mère soit la plus belle. Les autres mères sont tellement mieux habillées. De plus, j'ai conscience que mon père est un cul-terreux. Il y a là quelque chose qui nous place en bas de l'échelle sociale, au regard des autres.

À l'école du Mont-Faron, où je suis inscrite à la fin des années quarante, je découvre, petit à petit, le plaisir d'acquérir des connaissances. Je perfectionne ma lecture, je suis légèrement dyslexique, l'école me torture pour faire de moi une droitière, alors que je suis gauchère. On m'attache la main gauche derrière le dos. Du coup, je bégaie, j'ai du mal à lire, je bute sur les mots. Je récite mes prières, j'invoque la « Bonne Mère », et je me grise de poésie. Il est vrai que la poésie, dans le Sud, est partout : dans l'air, dans le vent, dans les lavandes, dans les oliviers. Et sans doute dans la mer, mais je n'en sais rien, car la plage, je ne la verrai jamais avant l'âge de 15 ans. Du coup, je ne sais pas nager.

Je ne sais pas ce qu'est un félibrige, je n'ai jamais entendu parler de Frédéric Mistral, mais dès que j'apprends un poème, je suis grisée : il me sort de la bouche en phrases rondes, je laisse filer les mots avec délice. C'est comme une douceur du moment : dans ma chambre, je monte sur un tabouret et je récite une fable de La Fontaine. J'ai souvent besoin d'un miroir, même petit. Avec un miroir, je ressens les mots dix fois plus fort. Je peux pleurer et m'émouvoir. C'est une habitude que j'ai gardée encore aujourd'hui. Quand j'ai un texte à apprendre, je vais me mettre devant un miroir. Je vois ainsi ce que je projette.

En classe, l'institutrice me fait déclamer un rondeau de Ronsard. Je ne suis pas sûre de tout comprendre, mais la petite élève terne que je suis se révèle soudain, dans ces jeux de textes. Je m'isole ainsi, dans mon coin à moi, avec mes récitations. Je joue avec la cadence du « Lièvre et la Tortue », je scande Charles Cros, j'imagine ce hareng sec, sec, sec… La petite Mireille, effacée, pas très jolie, coupable d'exister, qui cherche à se protéger du monde, trouve, dans le grenier de la maison de l'avenue des Moulins, une façon d'exister. Je prends alors un plaisir sans mélange à me jucher sur une caisse et à dire les jolies histoires que je découvre dans les livres de lecture. Je me réconforte dans les mots d'auteurs disparus. La poésie, c'est ma façon de grandir. Je suis maigre comme un coucou, je suis un peu anorexique, j'ai les genoux cagneux, j'ai du mal à trouver une raison de vivre. Il m'en restera longtemps un complexe, par rapport à mon corps.

Les années passent, et je perçois mon père comme un homme qui vit dans un silence inquiétant. Il passe à côté de moi, ne dit rien. Il mange avec nous, et parfois, il parle. Il a du mal à s'adresser à moi. Je n'arrive pas à avoir une conversation avec lui. Je vais alors lui rendre visite dans le jardin, où, grâce à son réservoir, il arrose les plantes. Il ouvre des passages de terre, des rigoles, il inonde, puis referme. Je joue avec l'eau, j'y mets les pieds, je suis près de lui, et nous n'avons pas besoin de nous parler. Que suis-je, pour lui ? Une étrangère ? Je n'ai pas peur de lui, mais je redoute de faire éclater cette colère que je sens enclose en lui. Un jour, il me prend par la main. Il est brusque, il m'entraîne vers le grenier. Que lui ai-je fait ? J'ai peut-être cassé un objet sans m'en rendre compte… Il n'explique rien, il monte avec moi dans cet escalier qui n'en finit pas, s'arrête devant la poutre. Il me reproche quelque chose :

– C'est à cause de toi.

Sans crier, il répète :

– À cause de toi.

J'ai le sentiment qu'il se parle à lui-même, il a le ton des hommes désespérés. Il me déclare, tout de go, qu'il va se pendre, là, tout de suite. Devant moi. À cause de moi. Je pleure. Je ne veux pas qu'il meure. Je me recroqueville, je me repens d'une chose que je n'imagine même pas, je renonce à tous mes péchés, j'implore son pardon. Je crie :

– Papa, je t'aime, je t'aime !

Je m'agrippe à son pantalon, je tente de l'empêcher. Je me mets à genoux, j'enlace ses pieds. Je pleure :

– Ne fais pas ça, ne fais pas ça !

Il est dans un mal-être absolu. Finalement, il renonce à se pendre et nous redescendons.

Des années plus tard, je comprendrai ce terrible malaise qui ronge mon père : je ne suis peut-être pas la fille de cet homme à l'âme lourde. Ma mère a-t-elle eu un amant ? Suis-je l'enfant d'un amour de passage ? Suis-je la preuve vivante, chaque jour, chaque heure, chaque minute, de l'infortune de mon père ? Tous les jours, je suis devant lui.

Sur moi, il se venge de son destin.

Mais je lui ai tout pardonné.

Car si ma mère l'a trompé, pour lui, cela a été une catastrophe, une dévastation. Et cette douleur-là efface tout, à mes yeux.

Toute mon enfance, j'ai eu l'impression de ne pas être à ma place. Et pour cause : je ne l'étais peut-être pas. J'étais dans ce décalage incompréhensible aux enfants : fille officielle d'un père officiel ? Fille secrète d'un homme qui resta longtemps un mystère ?

Les années passent, et je perçois mon père comme un homme qui vit dans un silence inquiétant. Il passe à côté de moi, ne dit rien. Il mange avec nous, et parfois, il parle. Il a du mal à s'adresser à moi. Je n'arrive pas à avoir une conversation avec lui. Je vais alors lui rendre visite dans le jardin, où, grâce à son réservoir, il arrose les plantes. Je joue avec l'eau, j'y mets les pieds, je suis près de lui, et nous n'avons pas besoin de nous parler. Que suis-je, pour lui ? Une étrangère ? Je n'ai pas peur de lui, mais je redoute de faire éclater cette colère que je sens enclose en lui.

Mon vrai père a-t-il été ce marin nommé Edmond, qu'une médium m'a désigné ? Le doute est là, qui colore toute ma vie. Je n'ai aucune certitude. Mais au fond, peu importe : je me suis réconciliée avec cette histoire.

D'une certaine façon, la menace de suicide de mon père m'a libérée, et, en même temps, m'a montré combien je tenais à lui. Je grandis, et je me renferme : je ne reste pas chez moi, pour voir ma mère éternellement écosser des haricots ou égrener des petits pois. Je fréquente des copines de classe. Et c'est une révélation : elles ont l'eau chaude, elles ont de belles robes, des jouets, des cordes à sauter, des poupées, des cerceaux, des diabolos. C'est le jeu à la mode : on a deux baguettes reliées par une ficelle, et, sur cette ficelle, on fait rouler un volant en caoutchouc, qui ressemble à un nœud papillon. Puis on lance le volant en l'air, qui tourbillonne et retombe sur le fil. Puis nous mangeons des gâteaux, quel luxe ! Chez moi, il n'y a pas de cerceaux ou de diabolos.

Pour la première fois, je me rends compte qu'il y a une autre vie possible.

*
* *

Au fond, je suis une enfant solitaire. Mes frères sont plus âgés que moi, mes parents ne manifestent que peu tendresse, et ma timidité naturelle fait le reste. Dans le jardin de mon père, j'occupe mon propre royaume, plein d'insectes, de grenouilles, de fleurs, et de pensées. Je me faufile derrière les arbres qui ombragent la maison, je passe des heures à écouter le vent, à regarder le mont Faron, cette masse rocheuse sèche qui surplombe Toulon. J'entends les adultes, entre eux, discuter du débarquement en Provence, qui a été le début de la Libération, mais je n'y comprends rien. D'ailleurs, ces histoires de guerre, ça ne m'intéresse pas. Je préfère, de loin, réciter des poésies.

Je monte dans un arbre, je m'installe sur une branche haute, et, je tiens des discours emportés par la brise. Je récite, encore et encore, La Fontaine ou des prières apprises au catéchisme. Je m'adresse à Notre Père et à Maître Corbeau, à sainte Marie mère de Dieu, et à Jeannot Lapin. J'élève des coccinelles, qui ont droit à mon répertoire. Elles ne manifestent rien, hélas, tandis que Lassie, la chienne suisse, au moins, remuait la queue. Mais, au fond, je suis persuadée que les bêtes, les plantes, les feuilles et les nuages me comprennent. Toutefois, j'ai des ennemis dans l'amandier : les punaises rouges. Je fais attention à ne pas m'installer à côté d'elles.

Puisque mon père me fuit, puisque ma mère est toujours occupée, puisque je suis en recherche d'amour, j'entre en sympathie avec la nature. Les mots des fables tombent de ma bouche, et rebondissent de feuille en feuille. Par la suite, je vais découvrir les fées, qui auront beaucoup d'importance pour moi. J'établis tout un petit monde, et il y a une fée, Médiline, qui a tous les pouvoirs. Je vais devenir son amie. J'entends mes petites histoires qui s'effilent au gré des alizés, et qui s'envolent vers la mer. Parfois, des gros nuages noirs butent sur le mont Faron, et j'écoute le bruit de la pluie, que j'adore. Je crie, j'ai l'impression de faire corps avec la nature et les éléments.

Dans le grenier, je trouve une pile d'illustrés, délaissés par mes frères. Comme, à la maison, il n'y a pas un seul livre – mes parents en ont-ils jamais lu autre chose que des journaux ? – je me plonge dans ces illustrés. Et je découvre, à ma grande surprise, que je n'avais pas tort : les animaux, les insectes et les fleurs parlent. Clarabelle la vache parle. Les roses d'*Alice au pays des merveilles* parlent. Je me retrouve donc dans un monde familier, et plus amical que celui qui englobe ma famille. Je suis en accord avec les buissons et les herbes du jardin. Je fais découvrir des comptines aux scarabées. Les poules qui passent sont mes amies, et les merles ne me semblent pas moqueurs. Bien au contraire, ils sont mes copains.

Je ne parle pas avec mes parents. À vrai dire, ils ne me parlent pas non plus. Tout sourire, ma mère sert les clientes, une livre de pois cassés par-ci, un kilo de patates par-là, mais semble ignorer ma présence. Tant d'années plus tard, cette distance me semble encore un mystère : comment peut-on ignorer la présence de son enfant ? Je demande parfois :

– Il a quoi, papa ?

– Rien. Mange.

Mon père me dit deux mots, et disparaît dès le dessert achevé, parfois même avant. Peut-être s'est-il adouci depuis l'incident du grenier. Peut-être avait-il besoin d'entendre, dans ma bouche, que je l'aimais. Moi, je reste avec ma mère : c'est le seul moment où elle est un peu disponible. Nous faisons la vaisselle, nous sortons dehors pour profiter de la quiétude du soir, nous nous asseyons sous les arbres, et une immense paix arrive avec la nuit. Je glisse dans le sommeil, près de ma mère, qui est enfin à moi, à moi seule.

Peut-être sommes-nous installés dans une sorte d'éternité. Les jours passent, les mois défilent, rien ne change. Je grandis, et la petite fille recroquevillée que je suis devient une jeune fille non moins recroquevillée. J'ignore tout des réalités de la vie, l'amour, l'argent, les difficultés… Je flotte au gré des heures, entre une école qui ne m'intéresse guère et des poésies qui s'empilent dans ma tête. Pourquoi la vie changerait-elle ? On me laisse dans mon coin, avec mes coccinelles. Tant mieux. Sauf que le sort a une mauvaise surprise en réserve.

La maison, le jardin, l'épicerie, tout cela n'est pas à nous. C'est à une vieille dame, qui en tire un loyer. Las ! Elle trépasse. Les héritiers, décidés à ne pas demeurer en indivision et intéressés par la valeur du bien, décident de vendre. Pour nous, évidemment, cette vente est synonyme d'expulsion. Où irons-nous ? Que ferons-nous ? Pour une fois, l'humeur de mon père s'accorde avec l'inquiétude de la maisonnée. Moi, je ne veux pas perdre mes arbres et dire adieu à mes coccinelles.

Pour sauver la famille, il faut encore se serrer la ceinture. Mes deux frères s'engagent à travailler, et à verser la totalité de leur salaire à ma mère. Ces sommes serviront à payer la propriété, jardin, épicerie et maison. Je ne comprends pas très bien ce qui se passe, mais je sens qu'il y a un problème. Il s'agit de vivre, désormais, en se privant de tout, pendant cinq ans. Mes frères n'auront même pas de quoi se payer des cigarettes. Avoir vingt ans et les poches totalement vides, c'est difficile, pour eux. Pour moi, ça ne change rien : mes robes resteront aussi fripées, mes chandails aussi recousus, mes sandales aussi usées. La maisonnée est juste un peu plus démunie. Nous vivons juste à la lisière de la misère.

Mes habits sont sales, mais comme je ne sais pas ce qu'est un vêtement propre, je n'y attache aucune importance. Mes genoux sont gris, mais qu'importe ? Personne ne me fait aucune remarque. L'hygiène, la propreté, le confort, sont des mots qui n'ont pas cours, chez les Aigroz. Il n'y a pas de douche. Le matin, juste un peu d'eau sur le visage, et en avant ! La toilette est minimaliste. Cheveux emmêlés, ongles douteux, traces de poussière sur le cou… Ma mère ne repasse jamais, lave rarement les vêtements, remplit parfois un baquet pour que je puisse me laver, mais c'est rare.

Tout est rationné, chez nous. La viande, le pain, le vin, le savon. Jamais je n'ai vu un médecin, dans ma jeunesse. Nous n'avons évidemment pas de téléphone, de réfrigérateur ou de fer électrique. Il y a une glacière, quand même, et un marchand de glace passe pour déposer un pain de glace : on garde ainsi le beurre et certaines denrées.

Nous vivons comme au siècle dernier. Et personne ne s'intéresse aux changements qui interviennent dans la vie d'une jeune fille. Est-ce le bouleversement hormonal de l'adolescence ? Est-ce l'ambiance de la maison ? Je ne sais. Toujours est-il qu'un malaise physique s'installe en moi. Je maigris. Je ne mange pas. J'ai mal partout. Je rejette la religion. Jésus, les saints, quelle importance ? Marie, oui, elle est sympathique. Mais Pierre, Paul, Jacques et la cohorte des anges et des démons, franchement, je n'y crois guère. Quand il m'arrive d'assister à la messe, je m'ennuie. J'ai fait ma première communion, certes, mais c'est presque oublié. J'entre dans une sorte d'espace-temps terne, je sors de l'enfance j'entre dans un no man's land qui précède l'âge adulte.

Brusquement, je prends conscience de mon corps. Je suis mal à l'aise, dans cette silhouette étique, surtout quand je vais à la plage, pour la première fois, à 15 ans. Mes cheveux bruns sont ternes – j'imagine que les belles femmes sont blondes, forcément. Mon corps est maigre, je n'ai pas les formes des autres filles. Je ne m'exhibe jamais en maillot de bain, je suis persuadée que je suis moche.

J'ai de moi-même l'image que donne notre foyer : sans joie. Je ne connais pas le plaisir. Nous sommes une famille assiégée : par les dettes, par la difficulté d'être. Ma mère

n'a jamais l'idée de mettre des fleurs sur la table. Mon père n'apporte jamais un petit cadeau, mes frères ne font qu'aller et venir. Même les occasions de fête sont oubliées : Noël, les anniversaires, Pâques tout est laminé. Les seules crèches que je verrai, ce sera chez les autres. Les seuls sapins décorés, ce sera chez les copines.

Communion privée et communion solennelle.

Nous n'allons jamais au théâtre, jamais au cinéma, jamais aux fêtes paroissiales. Une ou deux fois l'an, la radio offre une occasion de se réjouir à mon père et à mes frères. Qu'il s'agisse d'un grand match ou d'une course cycliste, et voilà les garçons agglutinés autour de la TSF, et, ma foi, je les regarde avec curiosité. Le Tour de France, surtout, les passionne. C'est un grand moment. On en parle beaucoup, à la maison, à table. Le jour de l'arrivée, tout le monde se réunit.

Mais nos efforts, finalement, paient. Car notre dette est liquidée. Et même à cette occasion, il n'y aura pas une bouteille de Clairette de Die débouchée.

Tout en grandissant, tout en ayant mal aux articulations, je commence à découvrir que nous ne sommes pas forcément sur terre pour expier quelque chose. En entrant dans une nouvelle école pour poursuivre des études secondaires qui me mèneront peut-être à devenir institutrice – c'est l'ambition de ma mère - je me frotte à une autre couche sociale. Car désormais, je me rends au centre-ville. Là sont les magasins, là se trouvent les restaurants, et c'est comme si des écailles me tombaient des yeux. La bourgeoisie toulonnaise, petite ou grande, envoie ses enfants à la même école que moi. Dans la cour de récréation, je vois les filles en jolies robes, avec des chaussures

POUR MONSIEUR
CHANEL

neuves. Elles sont parfois accompagnées par leurs parents, elles descendent de voitures qui m'éblouissent. Elles sentent bon. Elles ont des rubans dans les cheveux, et des chaussettes neuves. Moi, je n'ai rien, sinon quelques poésies en tête, quelques noms d'étoiles que mon oncle Baptistin m'a enseignés, et des trous dans mes poches.

Mon apprentissage de la propreté est rude. J'ai les ongles en deuil, je les brosse désormais. J'ai un pull crasseux, je le lave toute seule. J'use le savon, alors qu'avant, je le regardais avec indifférence. En classe, toute récurée, je récite « Le Corbeau et le Renard ». C'est une fable que j'adore. Cet arrogant volatile qui se laisse flatter par le goupil, c'est drôle comme tout. Et les mots du bon Jean de La Fontaine sont joliment cadencés : « Maître Corbeau, sur un arbre perché, tenait en son bec un fromage… Maître Renard, par l'odeur alléchée… » Avec cette fable, je me sens maîtresse de moi-même, bonne élève. Je furète pour chercher des livres.

Mais je me sens vilaine, mal dans ma peau. Trop chétive, trop mal finie, mal aimée. De toute mon adolescence, je n'aurai pas de fiancé. Pas de flirts, pas de rêves. Personne ne me regarde… À vrai dire, l'époque ne se prête pas aux confidences ou à l'éducation sexuelle. Au début, on sait que les garçons naissent dans les choux et les petites filles dans les roses, puis, avec le temps et les conversations, on apprend que la naissance est un mystère. La maman enfante, le père conçoit, mais conçoit comment ? Personne ne nous le dit. Et moi, la petite Mireille Aigroz, je ne sais pas grand-chose. Ma mère ne dit rien. Par chance, j'ai des amis : les livres. En Suisse, j'avais feuilleté des livres, pour m'occuper : j'aimais bien passer le temps ainsi, avec Lassie à mes pieds. À 13 ans, je suis toujours aussi ignorante. Je vois bien que les garçons courent après les filles, mais je n'ai aucune idée de l'aboutissement. Ils s'embrassent, certes Mais après ? Aucun livre, aucune conversation, aucune confidence, aucun magazine ne vient lever le voile. Dans sa colonne du « Courrier du Cœur », dans *Elle*, Marcelle Ségal donne des conseils vagues : il faut s'apprécier, voire s'aimer, et fonder une famille. Quant à la mécanique de la chose, motus.

À force de fureter, je tombe sur une bible qui a appartenu à l'oncle Baptistin. Je l'ouvre. Que d'histoires : des vengeances, des guerres, la mer qui s'ouvre, des personnages immenses, et Dieu qui règne… Je suis emportée. Ainsi, dans le passé, il y a eu tant d'évènements ? Il a fallu vaincre tant d'ennemis ? Marie-Madeleine a lavé les pieds du Christ ? Celui-ci a chassé les marchands du Temple ? Je tourne les pages, j'apprends des tas de choses. Je respire le souffle du désert de Judée, je sens la poussière du dimanche des Rameaux. Je suis une héroïne tous les soirs, dans la Jérusalem d'autrefois. En classe, quand je saute une barre pendant le cours d'éducation physique, j'ai l'impression d'être David contre Goliath. Quand je cours le 50 mètres, plus vite que les autres filles, je me sens pousser des ailes comme si j'étais poursuivie par le chariot de Pharaon. La Bible est ma source d'aventures.

À 16-17 ans, devant la voiture de nos voisins.

Mais la réalité intervient, avec force. Le médecin de l'école décèle une faiblesse dont j'ignorais tout, et qui sera ma faille secrète, toute ma vie. J'ai un souffle au cœur important. L'étiquette professionnelle est un peu rébarbative, mais je comprends quand même : de l'air passe dans mon cœur. D'un seul coup, je reviens à mon état de fille solitaire : plus de gymnastique, plus d'efforts indus. La cause de cette faiblesse ? Des angines que personne, dans ma famille n'a jugé bon de soigner. J'ai été une enfant frêle, que chaque refroidissement abattait. J'ai eu une mère qui n'a jamais fait appel à un médecin. La nature a fait son œuvre, certes, mais la cicatrice reste. J'ai un cœur boiteux.

L'adolescence arrive en plein. Brusquement, tout change. Les autres filles ont des fiancés, pas moi. J'observe les transformations physiques auxquelles personne ne m'a préparée. Et tous mes centres d'intérêt basculent. Je ne veux pas devenir épicière, comme ma mère. Je ne veux pas travailler aux chantiers navals, comme mon frère. Je ne veux pas être institutrice, destin que ma mère a fixé pour moi. Les autres filles seront secrétaires chez Pigier ou employées des postes-télégraphe-téléphone. Pas moi. Je ne sais pas ce que je veux, mais je sais ce que je ne veux pas. Je refuse la vie de mes parents.

La dernière partie des études secondaires me semble ennuyeuse : la trigonométrie me rebute, l'éducation civique ne me plaît pas, la chimie pourquoi faire ? Quel sera mon chemin ? Je n'en sais rien, ma foi. Pianiste ? Pourquoi pas ? Chez une copine, j'essaie de faire des gammes. L'affaire me plaît bien. Chanteuse ? Ma foi, non. J'attends, le nez au vent, que le destin me fixe un horizon.

Par bribes, j'essaie d'engranger ce qu'on m'apprend. Les compositions chimiques des éléments, l'analyse logique de la phrase française, l'anglais en première langue (qui restera lettre morte pour moi), toutes ces connaissances arrivent en vrac, et je ne suis pas préparée. Mes parents ne savent même pas ce qu'on m'enseigne. Je suis une sauvageonne, je n'aime que les chemins de traverse, et, malgré mon cœur physique trop étroit, je sens que mon cœur sentimental est lui, immense. Quand l'envie de devenir danseuse me saisit-elle ? Une fois, je vais à l'opéra, seule, tout en haut. J'y retourne, je me débrouille par moi-même, car je n'ai pas d'amis. Je vois *Le Lac des cygnes*, avec ses envolées de tutus, ses petits rats gracieux, sa musique qui me donne la certitude que je peux voler… Ma vocation de nonne m'a passé. Celle de danseuse passera aussi, quand mon grand frère Maurice m'offrira ma première bicyclette.

Un vélo, c'est la liberté. C'est la possibilité d'aller ailleurs, de se rendre dans des endroits lointains, d'être mobile à chaque instant. Ma bicyclette est l'occasion de ma première grande joie. C'est une Peugeot blanche, belle comme tout. Je la frotte, je la nettoie, je l'astique. Assise sur la selle, en train de pédaler, je suis contente.

Et puis je découvre le cinéma. À l'école, on nous projette parfois des courts-métrages de Charlot ou des aventures de Laurel & Hardy. Mais j'arrive quand même à mettre quelques sous de côté pour aller au cinéma Mogador, avenue du Colonel-Picot, puis

Conservatoire de Toulon, répétitions en costume de page.

Collège moderne et technique de jeunes filles, Toulon, 1954-1955.

en centre-ville, aux Variétés. C'est là, dans cette salle du quartier Saint-Roch, que je vois les films de Pagnol, dont tout le monde parle. *La Femme du boulanger* me fait pleurer... Les Variétés, en fait, ont été ma porte d'entrée pour le paradis du cinéma.

★

★ ★

Je deviens une adolescente malgracieuse, incertaine, mal dans sa peau. Mais le spectacle à l'Opéra m'a tellement plu qu'un jour, je décide de me renseigner. Mes études ? Qui s'en soucie ? Ma mère ne consulte plus mes bulletins scolaires depuis longtemps. Moi, je regarde mes copines de classe : déjà, je les vois papillonner autour des garçons, j'imagine qu'elles seront secrétaires de direction ou pharmaciennes, ou autre chose, qu'elles auront des heures de bureau et des enfants, qu'elles épouseront peut-être un marin ou un cadre du port, et qu'elles iront ainsi dans une vie toute tracée, ce dont je ne veux pas.

J'enfourche ma belle bicyclette et je me rends au Conservatoire du port. Qu'est-ce que le Conservatoire ? Un grand bâtiment, où on vous apprend plein de choses artistiques, notamment la danse. La danse ? C'est pour moi. Je pédale, je pédale. Quand j'arrive au Conservatoire, j'entre, le cœur battant, dans le hall. Des filles passent, la serviette sur l'épaule, un sac de gym à la main. Des garçons les croisent, le front mouillé de sueur, les yeux battus, l'air heureux. En un flash, je m'imagine faisant des pointes comme la danseuse étoile que j'ai vue, sur la musique de Tchaïkovski. Partout, autour de moi, des petites annonces, des journaux ronéotypés. Je suis dans l'antre du destin. Et le destin, une fois de plus, va me faire signe.

Je ne serai pas religieuse, finalement. Il est vrai que nous n'allons pas souvent à la messe, que je ne me suis pas beaucoup livrée au rituel de la confession, que je n'éprouve pas ce sentiment essentiel du catholicisme, la culpabilité. Le Jésus du catéchisme ne m'intéresse plus beaucoup. Je suis plus près de Dieu, certains jours, quand je suis en accord avec la nature. Je suis parfois en contact avec le ciel et les étoiles, ces étoiles que l'oncle Baptistin me nommait, en me les montrant du doigt. Il y avait la Grande Ourse, la Polaire, Cassiopée... Il en inventait, pour sûr, mais qu'importe ? Il m'emmenait dans un autre monde. Et c'est ce monde-là qui, pour moi, est celui de Dieu.

Je suis croyante à ma manière.

Et, en ce jour de 1953, quand j'entre dans le hall du Conservatoire, après avoir adossé ma belle bicyclette contre le mur, je suis sûre que quelqu'un, là-haut, me guide.

Je demande à m'adresser au professeur de danse, rougissante. On me désigne une dame d'un certain âge qui me toise, et, dédaigneuse, me fait remarquer que, pour être danseuse, j'arrive un peu tard. Comment ça, un peu tard? Un peu tard. Mais encore ? Mais encore, chère demoiselle, quel âge avez-vous ? 14 ans, bientôt 15. Vous voyez, c'est trop tard. Je ne comprends pas. Je vais vous expliquer, mademoiselle : les danseuses commencent à l'âge de 5 ans. Cinq ans ? Oui, 5 ans. Vous avez dix ans de retard. Jamais vous ne pourrez les rattraper. Jamais.

Je suis effondrée. Je me vois, moche, osseuse, renfermée. Un vilain canard. Comment ce vilain canard a-t-il pu avoir l'ambition de devenir un cygne ? Je reprends mon vélo, je rentre, le cœur lourd, je m'assieds face à mon arbre, je parle à Lassie, qui n'est pas là. Et, de nouveau, je ne suis rien.

Je tombe amoureuse. Il est beau, il est craquant, il est sympathique, il est toujours victorieux. C'est Tony Curtis, que je vois dans *Le Chevalier du roi*, avec Janet Leigh. À l'époque, c'est une star extraordinaire. Ce garçon, à l'écran, a l'air de s'amuser. Il apporte un souffle de gaieté dans ma vie, cette gaieté qui me fait tant défaut. Il traverse l'écran, chevauchant de fiers destriers, se battant contre de méchants vizirs, séduisant de belles prisonnières, et, quand il regarde la caméra, avec son œil bleu porcelaine, j'ai l'impression qu'il lit dans mon cœur.

Sur un coup de tête, je reviens au Conservatoire. L'endroit m'attire. Je compulse les tracts et les programmes ronéotypés. Je m'aperçois qu'on donne là des cours d'Art Dramatique. Qu'est ce que c'est, ça, des cours d'Art Dramatique ?

– C'est pour devenir acteur, me dit le préposé.

Acteur ? Mais c'est bien sûr ! Comment n'y ai-je pas songé auparavant ? Tout d'un coup, c'est comme si la foudre avait frappé. J'ai l'éclair. Actrice ! Monter sur les planches, dire les fables de La Fontaine, déclamer du Racine, quel bonheur ! Je rentre chez moi dans un état d'exaltation incroyable. Je mesure mal, encore, la somme de travail nécessaire, la discipline à acquérir, la mémoire à améliorer et, surtout, le trac. Je me mets à réciter des tirades de pièces connues dans mes arbres favoris. Quand j'entre dans la classe de Monsieur Lizzani, je me fais toute petite. Le professeur fait monter sur la scène des élèves, les écoute, crée une certaine émulation. Il s'intéresse aux mots. Il veut qu'on lui présente des scènes, comme si nous étions à la Comédie-Française. Puis il insiste sur les sentiments. Les élèves répètent dans les couloirs, dans la cour, espèrent que leur tour sera celui du triomphe, se donnent un coup de main, critiquent les scènes déjà jouées.

À l'école, plus rien ne m'intéresse. L'algèbre, la géographie, la chimie, tout est balayé par les cours d'art dramatique, une fois par semaine. L'un des copains, très vite, se révèle au-dessus du lot. Il n'a pas un physique d'Adonis, mais dès qu'il prend la parole, c'est comme s'il aspirait tout autour de lui. Les autres se taisent, les applaudissements fusent, il a une autorité naturelle qui en impose tout de suite. Certains disent que c'est de la chance, d'autres que c'est du talent. Je ne suis pas loin de penser que c'est de l'Art. Henri Tisot, incontestablement, est un artiste.

À 17-18 ans, devant la même voiture.

Plus tard, il deviendra célèbre pour ses imitations du général de Gaulle, mais c'est en jouant Molière, à Toulon, qu'il est superbe. Il fait la preuve que riche ou pauvre, grand ou petit, bourgeois ou prolétaire, on peut être comédien, si on en a décidé ainsi. Littéralement, il irradie. J'aimerais qu'il me cède un peu de cette grâce, moi qui suis timide, qui n'arrive pas à ouvrir mes ailes.

Je m'approche de lui.

Et, miracle, il me parle comme si j'étais sa sœur ; d'une certaine façon, il me prend sous sa protection. Il m'incite à me déplier. Enroulée sur moi-même, menacée par l'extérieur, coupable d'exister, j'ai pris l'habitude de me rouler en boule. Je fais le dos rond, devant la vie. Les filles sortent avec des garçons. Moi, les garçons ne me regardent même pas. Je me fonds dans le mur.

Henri Tisot a perçu ma mélancolie. Il me fait réciter Baudelaire, me fait relever la tête, dérouler mon dos. Grâce à ses conseils, je deviens grande. Je cesse de m'excuser d'exister. Je comprends qu'un don, c'est peu de chose. Une vocation, encore moins. Il faut cultiver le don, travailler la vocation. Le maître mot, c'est la discipline. J'apprends à respirer, à respecter mes marques, à me tourner vers la lumière, à comprendre les indications du metteur en scène. Surtout, je me mets à travailler sans accent.

Car l'accent du Midi est tenace. Une rose est une « rôseu », un chemin est un « chemaing », une mère est une « maireu ». J'affine mes syllabes, je me dépouille du Midi. Et c'est comme une libération. De la même façon que j'ai appris à me brosser les ongles, à me peigner, à mettre des vêtements non rapiécés, j'apprends que d'être comédien c'est un métier.

Du même coup, je me rends compte de ma fragilité. Je sais désormais que je ne sais pas grand-chose.

Il m'arrive parfois de passer par la porte de secours pour aller au cinéma, faute d'argent. Mais je ne suis pas très délurée. Le Conservatoire, au début, me semble peuplé de fils et de filles à papa. Ce qui est faux, bien sûr. Mais il faut bien un peu d'argent pour survivre, en faisant des études, et la plupart des élèves sont soutenus, si peu que ce soit. Moi, je suis dans l'inconnu. Mes parents ont une indifférence totale à l'égard de ce que je veux faire ; je pense que ce sont deux êtres fatigués, épuisés et qu'ils ne se sentent pas capables de m'éduquer.

Mais, chaque jour qui s'écoule, je leur échappe un peu plus. Je passe en quatrième, puis en troisième. Henri Tisot reste très fraternel avec moi, et une fille, Anne-Marie, me prend en belle amitié. Elle est marrante, vivante, elle fait ce qu'elle veut, elle mord dans la vie comme une belle pomme. Et elle a des seins ! Je l'envie. Comme moi, elle veut devenir comédienne. Mais pas avec la même détermination. Moi, je garderai toute ma vie un ton discret, une façon de dire mes répliques en mineur, malgré les conseils d'Henri Tisot et la main de fer de Monsieur Lizzani. Anne-Marie, elle, est toute dehors : elle rit, elle chante, elle embrasse les garçons, elle a une vie d'adolescente et elle s'amuse. Elle est gaie.

Un jour, je vais au cinéma avec elle, voir le film dont tout le monde parle. Le titre : *Et Dieu… créa la femme*. Avec Curd Jürgens et Jean-Louis Trintignant et, surtout, Brigitte Bardot, qui danse le mambo. Pour la première fois de ma vie, je suis confrontée au spectacle de l'érotisme. Personne ne m'a préparée à cette découverte. Je n'ai qu'une très vague idée de ce qui se passe entre un homme et une femme. Une fille peut-elle afficher ainsi sa liberté sexuelle ? Et Brigitte Bardot, quelle beauté ! Je n'ai jamais vu une femme plus belle. Elle incarne magnifiquement le désir, l'insolence, la vraie vie. Quand elle marche, quand elle se retourne pour regarder par-dessus son épaule, elle est sublime. Je suis fascinée et intriguée. Je me pose des questions.

Anne-Marie m'explique tout, en riant, en me traitant de nunuche. Elle, elle a déjà fait des expériences, elle est sortie avec des garçons, elle a eu droit à des baisers. Moi, à côté d'elle, je trottine en poussant mon vélo, et j'écoute. Je suis la fille terne avec une joyeuse copine. En marchant, le soir, dans les rues basses de Toulon, elle me désigne les prostituées, et m'explique ce qu'elles font. Elle se transforme en guide de tourisme pour visiteurs coquins ; elle me montre les boîtes de nuit, les bistrots à rencontres, les tavernes à marins. À chaque fois qu'on la siffle, elle est ravie. Moi, je suis terrifiée. Nous allons donc sombrer dans la mauvaise vie ?

– Mais non, Mireille, ne sois pas si naïve ! me dit-elle.

L'image de Brigitte Bardot me poursuit. Pour toujours, désormais, la blondeur sera associée à la séduction, pour moi. Quand je serai grande, je serai blonde, me dis-je. Et je visite Toulon. C'est une autre ville qui est là, à mes pieds. Dans le quartier excentré où se situe notre épicerie, rien ne dépasse, tout est un peu triste. Bien sûr, il y a le bal des pompiers une fois par an, la soirée des petits marins ou la fête du 14 Juillet, mais c'est tout. Rien d'extraordinaire. Mais en ville ! Il y a des magasins, des salles de spectacle, des gens à la terrasse des cafés ! Au Conservatoire, il y a des gens qui jouent du piano, de la clarinette, d'autres qui apprennent à danser ; c'est une usine à rêves, qui ne s'arrête jamais. Je prends goût à la fête : celle du 14 Juillet me plaît. C'est là que j'apprends le slow, le paso-doble et surtout le tango.

L'art dramatique, c'est la voie royale pour moi, et Anne-Marie, qui veut devenir actrice, m'encourage. Quel bouleversement ! Ma passion pour la poésie m'ouvre grandes les portes de l'avenir. Je ne sais pas encore comment, ni par quel moyen, mais je sais qu'elle sera la clé d'un monde enchanté.

Je m'aperçois que j'aime être dans la lumière.

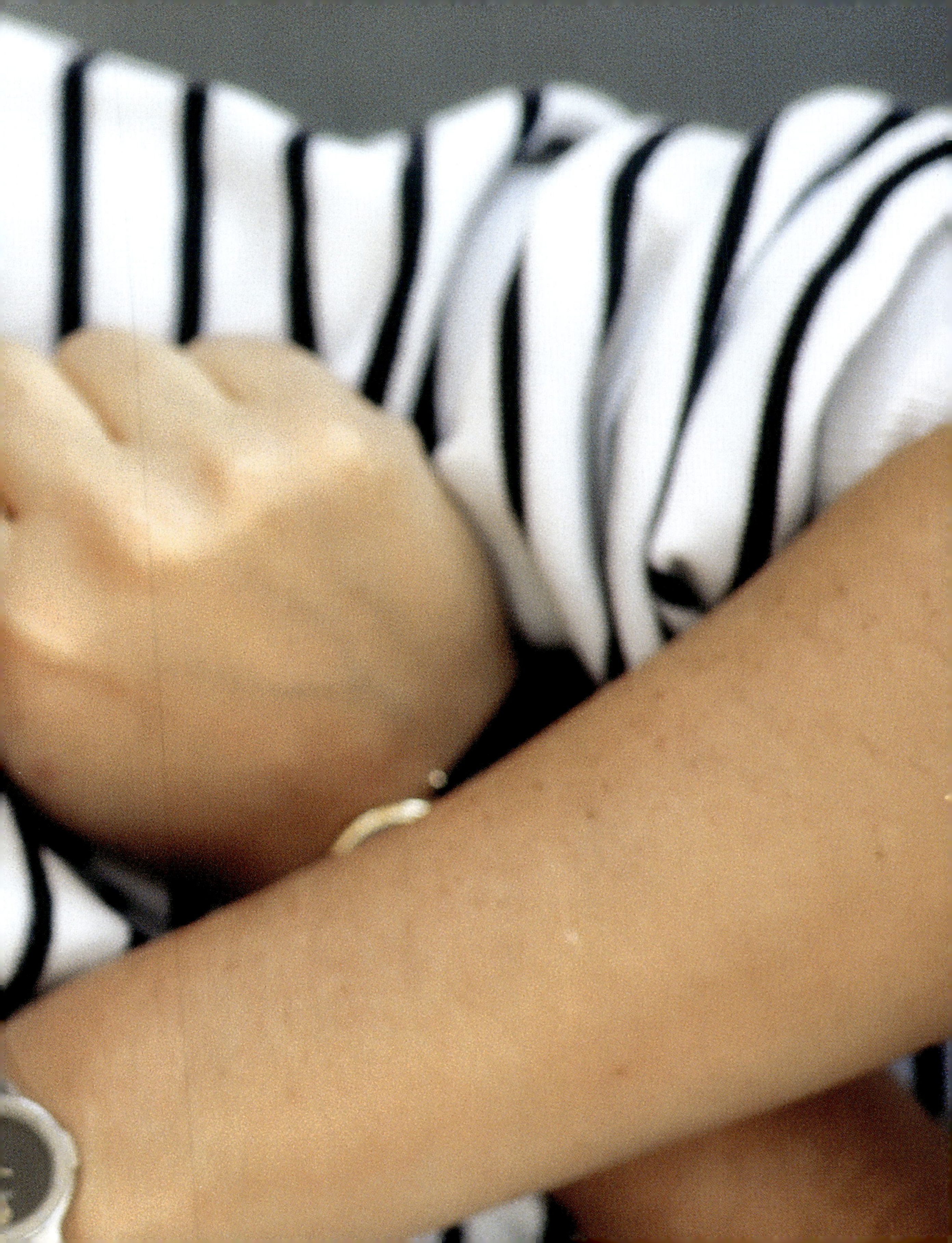

Quand je m'avance pour réciter un texte, sous la direction de Monsieur Lizzani, le silence se fait. Les conseils d'Henri Tisot portent leurs fruits. Je commence à dire mes répliques, et je sens qu'on me regarde. D'un seul coup, je prends plaisir à cette chose curieuse, que je n'ai jamais éprouvée : j'ai du pouvoir sur les autres. On me fait des compliments.

À 18 ans. Conservatoire de Toulon.

La seule chose qui me manque, c'est la conscience d'être jolie. Pour l'instant, je suis toujours la Mireille effacée, celle qui fait tapisserie dans les fêtes. Je ne suis pas encore sortie de mon cocon.

Surtout, je prends la mesure de la beauté des œuvres que nous apprenons. Le poids des mots chez Racine, le tourment des passions, la préciosité de cette langue, tout me plaît. Je me délecte des classiques. Pourtant, il existe un autre théâtre, le théâtre moderne. Je travaille du Brecht. Je n'en connais rien. Je ne sais pas qu'on peut abattre les décors poussiéreux, donner une autre allure aux intrigues du XVIIe siècle, remplacer les perruques Louis XIV par des Borsalino. J'ai entendu parler de Brecht, d'Ibsen, certes, mais je ne connais pas le théâtre populaire, Barillet et Grédy ou Louis Verneuil. Le Boulevard ? C'est quoi ?

Je vais faire connaissance, de façon inattendue, avec cette forme de théâtre. Un jour, on annonce à Toulon l'arrivée de la troupe Karsenty, avec deux acteurs prestigieux, Bernard Blier et François Périer. Ce sont deux monstres sacrés, pour nous. Blier, avec sa tête de papy, peut avoir des élans d'une cruauté incroyable, à l'écran, et Périer distille l'inquiétude comme personne. Or, dans la vie, ils sont tout le contraire,

deux potes qui n'arrêtent pas de rigoler. Entre ce qu'ils enseignent – le sérieux, le dévouement, l'étude – et ce qu'ils sont – des joyeux ! – il y a un fossé gigantesque, ce qui prouve qu'ils sont de grands acteurs. Je suis enchantée par ces portes qui claquent, ces amants qui se transforment en courants d'air, cette agitation. Anne-Marie bat des mains ; nous nous amusons.

La vie est là, qui m'attend, impatiente.

★
★ ★

Le cœur, tout est là. C'est lui qui me guide vers le métier d'actrice, dans ces années-là. Je constate, amusée, qu'un certain nombre de mes amies du Conservatoire, au fil des jours, utilisent l'endroit comme une sorte de club. Elles veulent être actrices, certes, mais n'ont pas l'ambition, la volonté d'apprendre. Elles ne retiennent de ce métier que le côté paillettes. Et pourquoi pas ? Chacun sa vie.

Au Conservatoire, avec Henri Tisot, je joue un rôle de mégère.

Tandis qu'Anne-Marie sort avec des garçons, moi, je continue à être seule. Certaines copines, déjà, se marient. Moi, j'ai envie de voir le vaste monde, ce monde que je pressens quand je traverse le centre-ville sur ma belle bicyclette. Où va ce bateau, que je distingue dans la rade, et dont les cheminées fument déjà, et qui porte l'étoile de l'Extrême-Orient ? Et à quoi ressemble cette tour Eiffel que j'ai vue en photo ? Mon frère est parti en Indochine. Il m'envoie des cartes postales avec des couchers de soleil sur le Mekong, et ces photos m'ouvrent le regard. Je commence à lire les journaux, un peu.

Mon appétit de découverte est immense. Brusquement, je sors de ce demi-sommeil, de cette petite vie menée par mes parents. D'une certaine façon, je commence à m'émanciper.

Quant à l'amour… De ce côté-là, rien. À l'époque, on apprend la sexualité en regardant les vaches ou les chevaux, et en écoutant ce qui se dit dans les réunions entre copines. Ma source d'information, c'est Anne-Marie. Avec son appétit de vivre, elle a vite fait de se trouver des copains. Elle me raconte tout. Je suis une confidente parfaite, je suis ébahie par son audace, je l'admire, elle a cent ans d'avance sur moi. Elle flirte. Elle me décrit les baisers passionnés, les rencontres sommaires. Peut-être exagère-t-elle, pour m'épater, pour me faire réagir. Il n'est pas impossible qu'elle invente, qu'une part de mythomanie entre dans ses récits. Je ne l'écoute que d'une oreille. Car, pour moi, ce qui compte, c'est ce que décrit Racine. La passion aveuglante, l'amour total, les sentiments.

Mais, plus simplement, il est probable que je ne suis pas prête à me lancer dans cette aventure. J'ai envie de tendresse, cette tendresse que mes parents m'ont distillée à petites doses… quand ils y étaient enclins. Je ne suis pas révoltée, je n'ai pas ces colères qu'ont les autres adolescentes, je cherche autre chose. Je ne rejette rien, au contraire, je m'ouvre, je veux acquérir des connaissances. Je découvre Phèdre, la femme de Thésée, je comprends ses troubles amoureux, je répète inlassablement :

Je le vis, je rougis, je pâlis à sa vue.
Un trouble s'éleva dans mon âme éperdue

… et je demeure fermée aux exposants fractionnaires algébriques. J'en tire les conclusions. Ce n'est pas tellement que j'abandonne l'école, mais l'école me laisse m'en aller, voilà tout.

Du coup, je me gorge de théâtre. Non seulement je vais tout voir, mais je passe mes journées dans les cours d'art dramatique. Je me familiarise avec les classiques, je lis *Rodogune* et *Tite et Bérénice,* je vais voir *Un Tramway nommé désir.* Je me rends aux conférences, j'écoute les conseils

Les jours passent. Les mois défilent. Je cherche comment sortir de mon cocon. Henri Tisot, un soir, me demande : « Tu vas bien finir par aller à Paris, hein, Mireio ? » Il a raison, je sais que c'est le but. Je n'ai jamais été à Paris. Je n'ai même jamais été à Marseille. Mon horizon est étroit, mais mes ambitions dépassent mon regard. Oui, je vais aller à Paris, un jour. Je verrai la tour Eiffel et la Comédie-Française. Et j'aurai de beaux rôles, c'est sûr. Mais ce ne sera pas aisé, tout le monde me le répète. J'ai beau savoir que les choses ne seront pas faciles, je suis décidée. En trois ans, j'ai fait le tour des possibilités

du Conservatoire de Toulon. Même Monsieur Lizzani est d'accord, d'autant plus que j'ai obtenu un prix d'excellence. Je sais qu'à la fin de l'année d'études, je vais partir. Ma copine Anne-Marie est d'accord. Henri Tisot m'envoie des lettres de Paris. Lui, il est entré au Conservatoire tout de suite. Un an plus tard, il sera à la Comédie-Française.

La première chose à faire, c'est de se procurer un peu d'argent. Ce n'est évidemment pas ma mère qui va me financer. Il va falloir que Mireille Aigroz se débrouille par elle-même. Mon diplôme obtenu, une lettre de recommandation de Monsieur Lizzani précieusement serrée dans mes papiers, je me cherche un petit job. Je fais les vendanges, et je mets de côté 300 francs, soit environ 600 euros d'aujourd'hui. C'est maigre, mais c'est toute ma fortune. Il faudra que ça me suffise.

Je pars avec la peur au ventre. Le simple fait de prendre ma valise, de prendre le tramway, de quitter mon enfance, me noue le ventre. J'embrasse très fort ma mère. Je sais que nous nous quittons. J'arrive à la gare. Le train de nuit m'attend. Je monte.

Paris.

Les jours passent. Les mois défilent. Je cherche comment sortir de mon cocon. Henri Tisot, un soir, me demande : « Tu vas bien finir par aller à Paris, hein, Mireio ? » Il a raison, je sais que c'est le but. Je n'ai jamais été à Paris. Je n'ai même jamais été à Marseille. Mon horizon est étroit, mais mes ambitions dépassent mon regard. Oui, je vais aller à Paris, un jour. Je verrai la tour Eiffel et la Comédie-Française. Et j'aurai de beaux rôles, c'est sûr. Mais ce ne sera pas aisé, tout le monde me le répète.

Premiers pas parisiens

Mireille Darc vient à Paris en 1959 et choisit le pseudonyme « Darc » par référence à Jeanne d'Arc. Elle gagne sa vie pour payer les cours de théâtre de Maurice Escande en posant pour un peintre, pour des romans-photos, ou en faisant aussi du mannequinat. Ce sera la télévision qui la révèlera...

C'est le cœur battant que je prends le train de nuit, le 20 août 1959. J'ai une petite valise, un sandwich, mes sous, mes espoirs, et ma trouille. Le trajet dure huit heures. Huit heures d'étonnement, de soif, de bousculade dans les couloirs, dans les wagons de troisième classe de la SNCF. C'est long, long, long... Je n'arrive pas à dormir. Le soir tombe, la lune court après mon train. L'obscurité engloutit le reste du trajet, des petites lumières bleues restent allumées dans les compartiments, et la fumée de la locomotive enveloppe le paysage. La cadence des rails m'engourdit, au rythme des alexandrins de Racine : *Tout-m'af-flige-et-me-nuit-et-cons-pire-à-me-nuire*...

Le 21 août, j'arrive enfin gare de Lyon. Elle est vide. Et personne pour me renseigner. C'est le petit matin, je ne sens pas ma fatigue. Puis je sors dans la rue : elle est déserte. Quelques ouvriers sont accoudés au comptoir du Café de la Gare et les premiers kiosquiers rangent leurs piles de *France-Soir*. Mon cœur bat d'excitation. J'ai choisi cette date pour avoir la possibilité de me présenter au Conservatoire de Paris, de façon à avoir un peu de temps pour me préparer, dans un cours. En ce matin d'été, je n'ai qu'une envie : me rendre au Conservatoire, tout de suite. Dans la rue, j'avise un gardien de la paix. Je m'approche, et je lui demande l'adresse du Conservatoire. Il me regarde, un peu étonné. Évidemment, il ne sait pas.

– Regardez dans un Bottin.

Ce que je fais, dans une cabine téléphonique. Je copie l'adresse. Reste l'angoisse de prendre le métro, alors que je ne sais pas comment ce mode de transport fonctionne,

c'est l'angoisse. Ma valise me pèse, avec les livres dedans. En arrivant, je rencontre d'autres élèves qui me parlent des cours de Madame Dussane et de Maurice Escande. Voilà, je suis inscrite au concours du Conservatoire et un peu plus tard au cours Escande-Dussane. Enfin, en fin d'après-midi, je songe à me rendre à Aubervilliers, où des connaissances ont accepté de m'héberger momentanément.

À force de déchiffrer les trajets sur des plans pâlis et sur le petit guide qu'on m'a donné au départ, je découvre que le bus 63 m'amènera à bon port. J'ai de la chance : c'est l'époque des bus à plate-forme, où un employé de la RATP fait sonner une clochette à chaque station, tout en compostant des tickets minces comme des confettis grâce à sa petite manivelle sur le ventre. C'est charmant. Je pose ma valise, je m'accoude à la rambarde, et la grande aventure commence. Voici la Seine, que je traverse au pont d'Austerlitz, Dieu qu'elle est belle !

Je souffle une minute, je laisse l'émotion monter. C'est comme une vague de velours qui prend possession de moi. Les femmes, dans la rue, me semblent élégantes, avec leurs chapeaux et leurs robes à fleurs. J'ai enlevé mon duffle-coat, que je porte sur le bras. Sans m'en apercevoir, je suis arrivée en haut des Champs-Élysées. Je suis absolument éblouie, égarée, saoule d'émotion. Epuisée, aussi. Dans ma poche, j'ai la lettre de Monsieur Lizzani. Tout mon avenir tient dans ce courrier que je serre avidement contre moi.

Novembre 1959, dans une église à Paris.

Je me retrouve dans un minuscule appartement vide à Aubervilliers – les propriétaires sont en vacances –, affamée, fourbue, mais heureuse.

Demain, j'irai à la Comédie-Française, ne serait-ce que pour la regarder. C'est où, la Comédie-Française ? Je regarde le plan, je m'allonge sur le petit lit, et je m'endors.

Je suis prête au combat.

*

* *

Scéance photo
dans le métro parisien..

La chance est avec moi : Madame Dussane et Maurice Escande m'acceptent dans leurs cours. Et Anne-Marie est arrivée, comme une boule d'énergie. À peine a-t-elle débarqué que la vie se transforme : les rendez-vous s'enchaînent, les sorties sont nombreuses, et nous découvrons Paris. Un vague fiancé de Toulon – un homme marié ? - lui a loué un petit studio à Montmartre. Il y demeure une sorte de parfum de province, un air de liberté. De là-haut, on voit tout Paris et même Notre-Dame. Mon empire s'étale devant moi, de la rue Norvins à la porte d'Italie. Il ne reste plus qu'à le conquérir. Quand j'en parle à Anne-Marie, elle éclate de rire. « Mais c'est comme si c'était fait ! » et nous dévalons les pentes vers Pigalle. Des vers me trottent dans la tête :

Ariane, ma sœur, de quel amour blessée
Vous mourûtes aux bords où vous fûtes laissée !

Ou bien :

Ce n'est plus une ardeur dans mes veines cachée :
C'est Vénus tout entière à sa proie attachée.

Les vers sont issus de *Phèdre*. Cette femme me touche énormément.

Les cours de Madame Dussane sont intéressants. C'est une femme forte, qui marque de son empreinte les élèves. Parfois, elle a tendance à faire des conférences. Elle parle des relations entre acteurs, du travail sur la scène. Je partage mon temps entre ses cours et ceux de Maurice Escande. J'apprends autant chez elle que chez lui. Nous avons tous de la déférence envers les professeurs : on s'adresse à eux en disant « maître ».

Une autre scéance, en nuisette cette fois-ci.

Escande devient mon maître, en effet. Je désire ardemment qu'il m'aide à sortir quelque chose de moi. C'est mon seul but, et c'est ce qui me passionne. La moindre indication qu'il me donne est un cadeau. Calme, imposant, il a de l'autorité. Il ne viendrait à l'idée de personne de chahuter.

En ce qui me concerne, la première chose qu'il dégage, c'est la silhouette. Il m'invite à m'en servir. Je suis un peu grande, Escande favorise une certaine allure altière, une belle attitude. Il nous impose d'apprendre Montherlant, et de lire les théories de Brecht et de Stanislavski. Acteur, c'est une vocation, me dis-je. Acteur, c'est un métier, répète-t-il.

Le studio dans lequel nous vivons, rue Girardon à côté du Moulin de la Galette, est grand comme une boîte à chaussure. C'est un rez-de-chaussée humide, mais l'endroit est assez joli. La fenêtre donne sur une courette où il y a des pigeons. L'hiver, nous nous chauffons avec un appareil à gaz. Quand nous avons les moyens de payer… Le lit est étroit, l'espace mesuré. Mais nous sommes heureuses, nous sommes chez nous ! À l'ombre du Sacré-Cœur, nous nous promenons, et Anne-Marie vit sa vie. Il arrive, une ou deux fois, que je doive me réfugier dans un café, attendre qu'elle ait fini de s'amuser avec son cavalier du moment. Moi, je ne me sens pas jolie. J'ai l'air frêle, mais je suis une combattante. J'ai une seule peur : ne pas vivre quelque chose de très beau. Au fond, j'ai peur de moi-même.

L'humour ne me quitte jamais. Malgré le sérieux de ma vocation, j'ai une certaine distance avec moi-même. Les aventures d'Anne-Marie m'amusent, et j'ai conscience de vivre la bohème. Je suis dans le cliché des débuts, tels qu'on les raconte à ses petits-enfants. Cette ironie ne m'abandonnera jamais : quand on voudra me transformer en vamp, en femme fatale, je mettrai toujours un petit sourire dans ma composition.

D'ailleurs, c'est cette petite étincelle qui me fera prendre le contre-pied de l'attitude d'Anne-Marie : jamais je ne draguerai les hommes. Ils viendront à moi, ou ne viendront pas. Mais je n'irai pas les chercher.

L'idée que je suis « une grande séductrice de l'écran français » me fait rire, aujourd'hui encore. Mais c'est une pensée agréable, quand même.

Ma mère, à distance, sent que mes moyens sont maigres. Elle me fait parvenir du saucisson et du chocolat. Maurice Escande me fait travailler la portée de la voix : du fond de la salle, il ne m'entend pas. Il m'intime l'ordre de m'adresser aux derniers rangs du poulailler. Le conseil est bon : je suis souvent dans la modestie, voire dans le ton

L'hiver, nous nous chauffons avec un appareil à gaz. Quand nous avons les moyens de payer... Le lit est étroit, l'espace mesuré. Mais nous sommes heureuses, nous sommes chez nous ! À l'ombre du Sacré-Cœur, nous nous promenons, et Anne-Marie vit sa vie. Il arrive, une ou deux fois, que je doive me réfugier dans un café, attendre qu'elle ait fini de s'amuser avec son cavalier du moment. Moi, je ne me sens pas jolie. J'ai l'air frêle, mais je suis une combattante. J'ai une seule peur : ne pas vivre quelque chose de très beau. Au fond, j'ai peur de moi-même.

de la confidence. Le théâtre, c'est de faire participer tout le monde, « même le passant dans la rue ». Je ne vais pas rester longtemps chez Escande, je vise le Conservatoire. Quand je me présente à l'examen, j'échoue, je suis terriblement déçue.

L'argent devient rare. Il faut gagner des sous. Je fais des petits boulots, je pose pour des peintres, je prête ma silhouette pour des romans-photos. Mais quand même, je ne gagne pas assez, loin s'en faut, et Anne-Marie non plus. Les saucissons que m'envoie ma mère sont les bienvenus. Il faut trouver autre chose. Dans mon immeuble, il y a des filles qui gagnent leur vie en ayant des clients. Elles ne reçoivent pas chez elles, elle se déplacent, vont dans des hôtels. Je lie connaissance avec elles, et je leur parle de la vie. Depuis quand sont-elles là ? D'où viennent-elles ? Les relations sont amicales, chaleureuses. Elles voient bien, ces filles, que je n'ai pas un sou. C'est l'une d'entre elles qui me dit un jour :

– Tu peux gagner facilement un peu d'argent. Et je te promets qu'il ne se passera rien, pour toi.

De plus, elle sait que je suis vierge. Elle me propose de l'accompagner pour une séance. Je refuse. Elle insiste. Je refuse encore. Elle me décrit le job : il faudra simplement regarder un client faire l'amour avec elle. Le rouge au front, j'accepte.

Le client est un homme légèrement plus âgé. Tandis qu'il se déshabille, puis se livre à sa gymnastique sexuelle, je reste assise sur un fauteuil, à la fois étonnée d'être là, honteuse d'assister à un spectacle aussi intime, et, en même temps, curieuse. Pendant tout le temps, je me récite des vers de Frédéric Mistral. Mon esprit est occupé par des vers. Ce qui se passe devant moi, j'y suis indifférente. Combien de temps cela dure-t-il ? Je ne sais pas. Je ne veux pas que ce spectacle m'effleure, me touche.

Ma première chambre à Paris.

La fille se rhabille, je m'en vais. Dans la rue, l'homme me rattrape en voiture, s'arrête à côté de moi, et me demande :

– Je peux vous déposer quelque part ?

– Oui. Je vais rue de Villiers.

C'est là que se trouve le Cours Escande.

Le client ne dégage aucune agressivité, aucune onde déplaisante. Chemin faisant, il m'explique qu'il est journaliste, qu'il dirige un grand magazine, qu'il se prénomme Michel. J'écoute, d'une oreille méfiante, mais ma méfiance tombe quand, tout simplement, il me dépose et s'en va.

Quand je remonte au studio, il est vide. Anne-Marie, que j'ai quittée malade – elle a des coliques néphrétiques – n'est plus là. Elle est repartie dans sa famille, à Toulon, se faire soigner, emmenant toutes ses affaires. Je ne la reverrai plus. Je ne saurai jamais ce qu'elle est devenue. Un demi-siècle s'est écoulé, et le mystère demeure. Anne-Marie

a simplement été gommée. J'ai beaucoup regretté de ne pas avoir de nouvelles. Elle a été ma première amie, elle a eu un rôle important dans ma vie, elle a été comme une petite sœur. Et puis… plus rien. Sans Anne-Marie, je suis en état de manque. J'ai ri avec elle, je lui ai confié des choses intimes, sur mes aspirations, mes espoirs. C'est comme si elle était morte. Je dois faire mon deuil.

Le lendemain, Michel est à la sortie de mon cours. Il m'invite à dîner dans un restaurant. Je le trouve sympathique, intéressant. Nous allons avoir une histoire de cœur, et faire un court chemin ensemble. Il sera mon premier amant, mais pas mon premier amour.

En septembre 1961. Moi qui n'ai jamais fumé !

Un jour, alors que Michel doit faire une interview d'un jeune acteur qui monte, nous allons rejoindre l'interviewé à la campagne. C'est près de Paris, et le comédien vit une histoire d'amour passionnée – et très couverte par la presse – avec une actrice d'origine allemande. Michel, qui est très introduit dans les milieux de l'art et du showbiz, m'emmène.

Michel gare sa Mercedes devant une belle maison près de Meaux. Alain Delon, qui vient de tourner *Plein Soleil* et *Rocco et ses frères*, sort pour l'accueillir. Derrière lui,

Romy Schneider, qui apparaît aussi dans *Plein Soleil*, très brièvement. Ils sont beaux, d'une beauté renversante. Je suis saisie : comment deux êtres peuvent-ils être si parfaits ? De plus, ce sont deux vedettes. Peut-être qu'un jour, je serai à leur niveau, qui sait ? En attendant, je me fais petite. Tandis que l'interview se déroule, je bavarde avec un autre visiteur. C'est un imprésario qui représente notamment Gilbert Bécaud. Il me demande :

– Vous voulez devenir comédienne ?

– Oui, c'est ça.

– Allez voir de ma part Isabelle Kloucovsky. Elle a jadis dirigé le service de doublage de la Metro-Goldwyn-Mayer, et elle fait au cinéma ce que je fais au music-hall. Elle est imprésario. Elle vous aidera.

Quand Michel a fini son interview, nous partons. J'ai le numéro de téléphone d'Isabelle Kloucovsky dans mon sac.

Quelques jours plus tard, je vais voir Isabelle Kloucovsky. C'est une dame entre deux âges, assise à son bureau, et elle me fait signe d'entrer, alors qu'elle est au téléphone. Elle me toise, puis elle dit à son correspondant :

– Il y a une jeune fille qui vient d'entrer, elle correspond à ce que vous me demandez.

Puis elle raccroche.

Elle me souhaite la bienvenue, puis me demande :

– Vous êtes comédienne ?

– Oui.

– J'ai peut-être un rôle pour vous. Allez au théâtre Gramont. Vous savez où c'est ?

– Oui, oui, bien sûr.

Je remercie et je m'apprête à sortir. Elle me retient sur le pas de la porte :

– C'est pour tout de suite.

Isabelle Kloucovsky m'accompagne. Je suis frigorifiée. Mais, en même temps, excitée. Ça y est, c'est ma chance ! Le metteur en scène, René Dupuy, nous attend. L'audition a lieu instantanément. La pièce, *Le Héros et le Soldat*, de George Bernard Shaw. René Dupuy m'écoute, et m'engage séance tenante, et me présente aux autres comédiens : il y a là Yvonne Clech, Yvette Etiévant, et Georges Audoubert. On me destine le rôle de la soubrette, rôle qui vient d'être libéré par la comédienne qui me précède, une jeune femme nommée Emmanuelle Riva. René Dupuy ajoute, en me remettant le livret :

– Revenez demain. En connaissant vos répliques.

Je passe la nuit en transe. Demain, je serai sur scène ! Je m'imprègne du texte, j'essaie de comprendre ce qu'est la guerre qui sert de toile de fond – le conflit serbo-bulgare de 1885 – je cherche à rendre l'insolence de la soubrette, et je suis en fièvre. Je reviens le lendemain, et je me lance. Le trac est intense. Les autres acteurs, voyant ma trouille, m'aident. Le souffleur aussi. Nous répétons rapidement, et la première a lieu le soir même. J'ai eu vingt-quatre heures pour me préparer.

Sur le tournage de l'émission *Ni figue ni raisin*.

Miracle ! Je ne me coupe pas, je ne savonne pas, je suis dans le personnage, rien d'autre n'existe. Je n'ai pas de trou. Michel, au premier rang, applaudit. La salle entière aussi ; c'est délicieux. Je suis, pour un soir, la reine du monde.

C'est donc ça, le bonheur ? Mon Dieu, comme c'est simple !

Les choses se mettent en place. D'abord, je commence à gagner ma vie. Tout à fait par hasard, je rencontre une comtesse qui, dans la conversation, me signale qu'elle a une chambre à louer. Celle-ci se situe avenue Montaigne, dans l'immeuble même que j'habite aujourd'hui.

Je m'installe avec plaisir. L'endroit est joli. Et je suis à deux pas des Champs-Élysées. La pièce marche bien, je me sens de mieux en mieux, de plus en plus à mon aise. Sans doute cette évolution se ressent-elle, car j'ai droit à une séance de pose chez un photographe de *Paris-Match*, Manuel Litran. Il a été peintre, et accorde une grande importance à la composition dans ses portraits. Du coup, j'ai droit à quelques articles qui saluent la jolie soubrette.

Le principal ennemi, c'est le trac. Je joue *Le Héros et le Soldat* quatre mois de suite. Je suis fière de moi. Le trac ne m'abandonnera jamais. À chaque fois, il me submerge. Sur le moment, quand la pièce est finie, c'est bon, ces applaudissements. Puis, au réveil, le lendemain, l'angoisse revient, à pas comptés. Le soir, on va jouer. Donc, le trac revient. C'est ça, ma plus grande victoire : avoir maîtrisé cette impression de nager au milieu de l'océan, en évitant de me noyer.

J'évite de sortir, dans la journée. J'ai peur que ma tête se vide de mon texte ou se remplisse du fracas de la ville. Après *Le Héros et le Soldat*, je comprends une chose : je sais maintenant que *je peux*. Et je me sens reconnue par les gens du métier.

Les choses se précipitent. Tout d'un coup, il y a des propositions. Isabelle Kloucovsky s'occupe de moi. Elle m'envoie rencontrer un réalisateur de télé qui prépare une dramatique. J'imagine que toutes les auditions sont comme celles qui m'a value d'être engagée au théâtre : un coup d'œil, et hop ! c'est fait.

C'est mal connaître l'univers de la télé. Là, tout est fait pour vous inciter à la modestie. Les couloirs, interminables, sont sinistres. Les candidates, nombreuses. Je m'adosse au mur, j'attends, comme toutes les autres. Il y a quoi ? Deux cents filles ? Beaucoup sont jolies. Quand on nous fait signe, nous passons une à une devant un type assis sur une chaise pliante, accoudé à une table branlante, qui fait des signes cabalistiques sur ses feuilles de présence. C'est tout simplement sinistre.

Pour l'audition, on nous demande d'improviser. On ne nous donne pas un texte, mais une situation : « Vous êtes assise sur un lit. Vous avez en face de vous un homme, que vous ne connaissez pas, et qu'il faut séduire. Comment vous y prenez-vous ? » Nous avons vingt secondes pour nous établir, et trouver une façon de faire pour que le metteur en scène se souvienne de nous et pas des autres. Moi, j'essaie de m'amuser, de faire rire mon interlocuteur.

Dans cette ambiance, aux Buttes-Chaumont, je relève la tête, je ne suis pas un numéro anonyme. Je suis Mireille... Mireille... Mireille Montand, non, ça ne va pas. Mireille Dupont ? Non. Je pense à la rivière, à coté de Toulon, l'Arc. Jeanne d'Arc, c'est beau. Brusquement, le nom sonne juste.

Mireille Darc.

Claude Barma, qui est un réalisateur confirmé à la télé, finalement, me reçoit. Il demande une deuxième audition, avec un nombre restreint de candidates ; puis une troisième. Sur deux cents filles, puis sur vingt, puis sur cinq... C'est moi qui suis choisie ! Nous allons tourner*La Grande Bretèche* d'Honoré de Balzac. Une histoire de mari trompé qui fait murer la maison où se trouve l'amant, qui mourra ainsi étouffé. Le casting est à la hauteur de mes espérances : Jean-Marc Bory, Françoise Christophe et... Mireille Darc !

L'ambiance est différente, très différente de celle du théâtre. Il n'y a pas cette angoisse de la performance, mais il y a la difficulté de renouer par bribes avec un personnage par à-coups. Je me sens mieux dans cet univers : c'est celui de la vitesse. Et l'équipe, sur le lieu de tournage, en Provence, est amusante. Pendant trois semaines, nous sommes constamment ensemble, nous nous aimons, nous nous détestons, nous partageons tout. Je suis au pays maternel, et c'est émouvant. Je renoue avec ma jeunesse, et avec ma mère. Je tourne à Baux-de-Provence, un des plus beaux endroits du monde … Claude Barma nous invite à dîner à Baumanière, je suis émerveillée par cet hôtel et j'y retournerai souvent. C'est un refuge pour moi. Cette expérience me marque : déjà, je ne suis plus la même. J'ai acquis de l'aisance, je sais que je plais, je commence à me sentir belle.

Le cinéma et les planches

En 1963, elle obtient son premier rôle important au cinéma dans *Pouic-Pouic* de Jean Girault, où elle joue la fille de Léonard et Cynthia Monestier, incarnés par Louis de Funès et Jacqueline Maillan. Sa carrière est lancée et elle tournera, notamment, treize films de Georges Lautner, dont le cultissime *Les Barbouzes*, *Les Bons Vivants* et *Galia*, ou *Week-End*, de Jean-Luc Godard.

Le cinéma a ses petites mains, je le découvre avec étonnement : caissières, placeuses, figurants, scriptes, doubleurs… C'est dans ce dernier domaine que je gagne un peu de sous. L'époque est à la mode des péplums, sortes de westerns antiques où des musclés de toutes sortes cassent des colonnes et enlèvent des beautés à la poitrine généreuse. Ainsi, je double Georgia Moll, blonde capitonnée, dans *La Charge des Cosaques*. Ce n'est pas tout à fait du Racine, mais ça paie un peu.

Monsieur de Jean-Paul Le Chanois, 1964, avec Jean Gabin. Il a l'air si attentif… Mais il faut savoir qu'il m'a beaucoup écoutée sur le tournage !

Et la télé, semble-t-il, m'apprécie. Jean Prat, considéré comme un grand artiste du petit écran, m'engage pour *Hauteclaire*, adaptation de Barbey d'Aurevilly, et je rencontre Michel Piccoli. Jean Prat a une allure d'adolescent. Il n'est pas très grand, il a quelque chose de juvénile, il est à la fois sérieux et profond. Avec lui, les essais sont difficiles : il ne demande pas des improvisations, mais cherche à recentrer les sentiments. C'est moins simple que de passer une audition pour Claude Barma. Jean Prat a besoin d'être touché par le personnage. Si bien que lorsque j'obtiens le rôle, c'est une récompense : je suis choisie par un cinéaste très exigeant. Mon rôle est celui d'une soubrette, certes, mais c'est subtil. Dans le film, je tue à petit feu ma maîtresse avec la complicité de son mari, sans éprouver le moindre remords, et nous trouvons ainsi le bonheur. Cette progression demande de la finesse. Il faut faire preuve de raffinement et de méticulosité. Cette façon de travailler me plaît énormément. De

plus, il y a des scènes d'escrime et je prends des cours de fleuret pendant trois mois. Le film est en noir et blanc, donc la lumière est très recherchée. Les scènes de nuit ne sont éclairées que par un feu de la cheminée, et je m'entends bien avec Michel Piccoli. Nos relations sont fortes, justes.

Roger Vadim avec Brigot Bardot, Jacques Riberolles et moi-même sur le tournage de *La Bride sur le cou*, 1960.

« Hauteclaire » va rester un très grand moment de ma vie. Et le résultat, c'est un beau film, dont je suis fière, et qui aura beaucoup de succès à sa sortie. J'en garde un souvenir extraordinaire.

Je suis ravie, je subviens à mes propres besoins. Je sors, je vais au théâtre, au cinéma, on m'invite dans des bons restaurants, je vais dans les galeries d'art et au théâtre, on me présente des visages du Tout-Paris, je croise Guy Schoeller, le mari de Françoise Sagan, qui me donne beaucoup de livres, et qui se rend compte que je suis à l'affût de connaissances. Je mets les bouchées doubles, question littérature. Guy Schoeller me fait découvrir Pierre Loti et John Steinbeck – *Les Raisins de la colère* –, Hemingway et Maupassant, et je caracole ainsi, de bouquin en bouquin… Tout m'intéresse. La mode m'attire aussi : Courrèges lance ses créations, radicalement nouvelles.

Je fais la connaissance de Jean-Claude Brialy, Bernadette Lafont, Gérard Blain, Jean-Pierre Cassel, Claude Rich. Je joue même dans deux films de François Chalais, l'un des critiques les plus redoutés de l'époque. Un homme difficile, mais passionnant.

Je tourne un premier film, dans lequel je ne fais qu'une apparition : *Mourir d'amour*, de José Bénazéraf. Puis je rencontre Jean-Paul Belmondo, sur le tournage des *Distractions*. C'est un petit film, dans lequel il y a trois jolies filles, Alexandra Stewart, Sylva Koscina et moi, et le réalisateur nous demande de tourner une scène où nous sommes toutes les trois en guêpière, au beau milieu du rond-point des Champs-Elysées. On imagine l'embouteillage… Le cinéma me fait vivre, désormais : c'est une autre façon de voir les choses et de s'exprimer, c'est aussi une forme de naturel qui passe par le regard. Lc caméra, au fond, filme l'âme. Au théâtre, je n'aurai jamais cette sensation d'intimité. Le bonus, au théâtre, c'est le contact avec le public. Mais le cinéma est plus caressant, plus profond aussi. Aujourd'hui encore, je suis admirative devant cette invention. J'aime les objectifs. J'aime que ceux-ci me déconnectent de la réalité.

Sur le plateau
de *La bride sur le cou*,
avec Brigitte Bardot, 1960.

Dans *La Bride sur le cou*, de Roger Vadim, j'ai un rôle minuscule, presque de la figuration. Je découvre un homme avenant, sympathique, très gentil avec Brigitte Bardot, qui traverse une période difficile, après une tentative de suicide. Vadim est comme un frère pour elle. Moi, je n'ai même pas de texte à dire. Je suis un peu déçue, mais, pour me consoler, je m'achète une voiture, dans laquelle on peut cependant entrer à quatre. Elle un moteur qui fait le bruit d'un Solex – deux cylindres, deux temps – qui

développe la puissance incroyable de… 18 chevaux ! Le pied au plancher, elle peut atteindre 90 km/h, ma Vespa 400. Je l'adore.

Elle me porte bonheur. Car, presque immédiatement, on m'offre… un grand rôle ! Le film s'intitule *Virginie*, et c'est l'une de ces comédies françaises comme il y en a des dizaines, alors ; sans prétention, sans lourdeur, parfois sans scénario. Mais avec des acteurs inoubliables, Roger Pierre et Jean-Marc Thibault. Évidemment, le metteur en scène, Jean Boyer, n'est pas un des jeunes loups de la Nouvelle Vague – il a 62 ans – mais il a du métier. L'ambiance est sympathique, le texte facile, nous tournons sur un bateau, au large de Nice. Nous sommes beaucoup en maillot de bain… J'apprends l'esthétique des corps. Il faut se tenir d'une certaine façon, pas d'une autre. Il me reste de ce film une impression de bonheur momentané, sans empreinte, comme un jour d'été.

Pouic-Pouic, avec Christian Marin, Louis de Funès et Philippe Nicaud, réalisé par Jean Girault, 1963..

Les rôles deviennent un peu plus épais. Jean Girault me signe un contrat pour jouer dans un sketch des *Veinards* – je suis une soubrette, encore ! Décidément, je ne m'en débarrasserai jamais, de cette sacrée soubrette ! Mais, pour se faire pardonner, il me glisse entre Louis de Funès et Jacqueline Maillan dans son film suivant, qui

porte un titre invraisemblable : *Pouic-Pouic,* qui est le nom d'un poulet. Je découvre Louis de Funès : c'est une pile atomique. Il se met en colère, rit, peste, tape du pied, se tire le nez. C'est un génie. Je le regarde jouer avec admiration : c'est quelqu'un d'unique. Il ne se déconcentre jamais. Il rugit, il reprend la scène, il la recommence, jusqu'à ce qu'elle lui appartienne. C'est fou, une telle débauche d'énergie. Mais quelle leçon, aussi !

Le film suivant, *Monsieur*, me place face à un monstre sacré : Jean Gabin. À l'époque, il a 59 ans, et un pedigree de champion du monde. Il faut que je sois à la hauteur. Pas question d'arriver mal préparée. Je revois la scène de *Quai des Brumes*, où il regarde Michèle Morgan, et je m'identifie à elle… *Monsieur*, est mis en scène par Jean-Paul Le Chanois. Il a déjà travaillé avec Gabin, dans deux films. Une complicité s'est installée entre les deux hommes.

Avec Jean Gabin, sur le plateau de *Monsieur*.

Gabin est silencieux, mais il a un bon regard. Il m'impressionne immensément. Il ne joue jamais la même scène plusieurs fois – deux ou trois prises, et c'est fini – et personne ne s'adresse à lui autrement qu'avec un « monsieur Gabin » empreint de déférence. Monsieur Gabin connaît son texte, monsieur Gabin travaille dur. Moi aussi. Ce qui ne m'empêche pas, le premier jour, d'être paralysée de trac. Par chance, Gabin me prend sous sa protection, et me surnomme : « La môme ». Il me

Sur le tournage d'*À belles dents*. Photographiée par Claude James.

passe mes hésitations, et, quand j'aurai un trou, aura l'élégance d'en avoir un aussi. Le tournage de *Monsieur* pour moi, est un grand moment.

Je resterai amie avec Jean Gabin par la suite.

C'est fait : je suis blonde, je resterai blonde, je mourrai blonde. Comme Brigitte Bardot. Sauf que je suis à l'opposé. Brigitte est une femme-objet, et jamais je ne me comparerai à elle. Moi, je revendique une liberté totale. Je suis dans la liberté des mots et de la vie. Ce qui ne veut pas dire que je suis féministe : quand ce mouvement prend forme, je n'en suis pas. J'ai trop de respect pour les hommes, au plus profond de moi, pour devenir féministe. Je suis une femme qui a les coudées franches. J'essaie toujours de rentrer chez moi, pour dormir. Je n'ai pas envie de me réveiller le matin avec un homme qui prend du pouvoir sur moi.

Les choses se font avec naturel. Je me suis installée dans le siège du conducteur. Je ne me laisse pas draguer, je drague. C'est un jeu. Pourquoi vivre les rituels du couple, quand on n'en est pas capable ? Je ne m'en sens pas capable. Peut-être suis-je

Avec Jean Gabin, sur le plateau de *Monsieur*.

trop axée sur moi, alors; j'ai besoin de réussir, c'est ma priorité. De plus, je n'ai jamais assisté à des scènes de tendresse, dans ma jeunesse : la génération de nos parents n'était pas du genre démonstratif. Quant à mes copines, elles faisaient bien attention à ne pas se faire attraper par leurs pères... Moi, les premiers baisers, je les ai vus au cinéma. Dans ma vie, il arrive que des hommes passent pour une nuit, mais sans lendemain.

Je rencontre un photographe, Jean-Loup Sieff. Nous sortons ensemble. Il travaille beaucoup avec Saint Laurent, dont je fais la connaissance. Il nous arrive de dîner tous ensemble, dans une grande gaieté. Une assiette de spaghetti, parfois chez moi, et la conversation va bon train. On sort, on se donne rendez-vous chez les uns et les autres, on s'amuse. Saint Laurent, partagé entre les angoisses de la création et le plaisir de cette vie chaleureuse, est en train de réinventer la mode.

Et le théâtre ? Il s'éloigne de moi, je m'éloigne de lui. J'accepte une dernière pièce, *Photo Finish*, au théâtre des Ambassadeurs, à cause de son auteur, Peter Ustinov. Il y a là Bernard Blier et Philippe Noiret. Ustinov, dodu et étincelant, est un homme comme il y en a peu : il parle couramment cinq langues, est fils d'un journaliste russe et d'une artiste peintre française. Il sent le miel.

Avec Philippe Noiret, sur les planches, dans la pièce de Peter Ustinov, *Photo-Finish*, 1964.

Pendant quelques mois, je vais vivre le face-à-face entre Blier et Noiret, qui s'affrontent sur scène, parfois durement. Il arrive que cet affrontement se poursuive en coulisse. C'est que les deux caractères ne s'accordent pas, trop dissemblables. Noiret, assez précieux dans ses manières, est agacé par le jeu de Blier. Je suis impressionnée : je ne sais pas pourquoi ils s'engueulent, je ne comprends pas. Pour moi, travailler avec lui, c'est une sorte de consécration

Je fais également une courte apparition dans *Les Femmes aussi ont perdu la guerre*, une pièce de Curzio Malaparte, au théâtre des Mathurins, sous la direction de Raymond Gérôme, avec Lucienne Bogaert, très grande actrice. Je jouerai encore dans *Pieds Nus dans le parc*, au théâtre de la Madeleine, avec Jean-Pierre Cassel, Rosy Varte et Michel Galabru. Belle équipe... et mon rôle est fabuleux. Je partage ma loge avec Cassel, qui

débute, et qui a les mêmes préoccupations que moi. Nous sommes tous les deux à nos débuts. Mise en scène : Pierre Mondy. Cher Pierre ! C'est un homme charmant. Blagueur, de bonne humeur, il est aussi modeste. Il a beaucoup d'humour. Une grande complicité se développera entre nous au fur et à mesure des pièces de théâtre et des films que nous ferons ensemble.

Voilà, c'en est fait du théâtre pour moi. Finis les doublages alimentaires, les soirées passées à apprendre des tirades en alexandrins, les dîners solitaires avec une boîte de conserve, les balades à pied pour garder un ticket de métro.

La vie de bohème est bel et bien terminée.

Le plus curieux, c'est que si la presse s'intéresse à moi, mes parents, eux, semblent totalement détachés. Ils ne viendront jamais me voir au théâtre. Jusqu'à la fin de ses jours, je n'oserai demander à ma mère ce qu'elle pense de mon travail, de ma vie, de ma réussite.

★
★ ★

Il y a un film, en 1963, qui casse la baraque. Titre : *Les Tontons flingueurs*. Le public, au fil des ans, va transformer cette petite comédie en un véritable film culte. Il est vrai que Georges Lautner, le metteur en scène, a trouvé la formule parfaite : casting génial (Lino Ventura, Francis Blanche, Bernard Blier, Claude Rich, Robert Dalban, Jean Lefebvre) ; dialogues (grandioses !) de Michel Audiard, que tous les connaisseurs se répètent entre eux. Si bien que lorsque Lautner me fait venir dans son bureau pour préparer un film au titre alléchant, *Des pissenlits par la racine*, je suis intéressée. Sauf qu'il a peu de temps pour me convaincre : je dois partir en vacances dans dix minutes au bord de la mer.

Des pissenlits par la racine, de Georges Lautner, 1963. Avec Maurice Biraud.

Avec Michel Serrault, Maurice Biraud, Louis de Funès, Francis Blanche...

Dans le bureau de production, j'ai devant moi un homme souriant : Georges Lautner n'a pas une once de prétention en lui. C'est un type assez grand, très ouvert, qui irradie la sympathie. Il me décrit le scénario qui, ma foi, est basique : il s'agit de deux pauvres types, Jo Arengeat et Pommes-Chips qui sortent de prison

Mon adoption par la bande à Lautner se fait de façon naturelle. On s'intègre. Michel Audiard aime la façon dont je dis son texte. Comme je ne suis pas un titi parisien, je joue un peu plus dans la poésie que dans la gouaille. Ça colle bien.

et qui jouent au tiercé, juste avant de tuer un type. Le problème, dès lors, est de se débarrasser du cadavre et de récupérer le ticket de tiercé… Il y a déjà quelques comédiens pressentis : Michel Serrault, Maurice Biraud, Louis de Funès, Francis Blanche… Soit toute la bande à Lautner. On me propose le rôle de Rockie la braise, une fille qui ne se laisse pas marcher sur les pieds. Georges Lautner m'a repérée dans *Pouic-Pouic* et s'est dit que j'étais idéale pour jouer le rôle d'« une femme facile ».

Je lui dis oui, et je pars en vacances.

Un mois plus tard, je suis de retour, bronzée à point. Georges Lautner souhaite quand même faire des essais. Nous prenons date avec Maurice Fellous, le directeur photo attitré de Lautner, et les résultats sont consternants ; je suis moche, mais moche… ! Le producteur, de façon compréhensible, déclare que Mirelle Darc, non, décidément, ce n'est pas possible. Lautner exige une deuxième séance d'essais. Et donne l'instruction à Fellous de me faire belle. Et là, ça fonctionne : Fellous soigne la lumière – la lumière, c'est tout le secret ! – et je suis magnifique, à tomber par terre. Je suis donc engagée. En aparté, Fellous me conseille de me faire opérer du nez. J'ai une bosse disgracieuse, due à une chute… Le conseil ne va pas tomber dans l'oreille d'une sourde.

Mon adoption par la bande à Lautner se fait de façon naturelle. On s'intègre. Michel Audiard aime la façon dont je dis son texte. Comme je ne suis pas un titi parisien, je joue un peu plus dans la poésie que dans la gouaille. Ça colle bien.

Les conditions de tournage des *Pissenlits par la racine* sont intéressantes : elles me confirment dans l'idée que j'ai franchi un cap. D'abord, maintenant, j'ai ma loge. Ensuite, on est aux petits soins avec moi : voiture avec chauffeur. Je ne me rends plus au studio en Vespa 400. J'ai une maquilleuse qui s'occupe de moi. Pour une actrice, ça compte. L'ambiance est très amusante. Les garçons sont attentionnés. Michel Serrault, très sympa, est un professionnel absolu. Et la particularité, c'est que la plupart des acteurs présents jouent, le soir, dans des cabarets. Ils me font découvrir un monde que je ne connais pas du tout. Poiret et Serrault, Francis Blanche, sur scène, c'est génial… Il y a aussi Maurice Biraud. Lui, il est un peu plus difficile. Il est irrévérencieux, plus incertain aussi. Le bon côté des choses, c'est qu'une fois admise dans la famille Lautner, pas un de ces messieurs ne cherche à me draguer. D'ailleurs, ils sont un tantinet misogynes. Mais le bonheur, c'est que tout le monde déconne. Moi aussi, du coup. On tourne dans une maison prêtée par un copain de Lautner, à Montmartre, puis à Rome, et j'arrive avec des robes un peu décalées, un peu folles. J'essaie d'exister d'une autre manière que les autres. Je pimente le film.

Georges Lautner est content. Je lui apporte ce qu'il cherchait depuis longtemps : une présence féminine différente. Et lui aussi m'apporte quelque chose : son expérience de cinéaste chevronné et son univers si particulier fait de gouaille et d'esprit parisien. Nous nous complétons. La preuve : nous allons faire treize films ensemble.

La presse me fait fête. On me compare à Marilyn, ce qui est soit une erreur due à la myopie du pisse-copie, soit une basse flatterie qui, évidemment, me fait plaisir.

Lautner me définit bien : il me façonne un personnage sexy d'allumeuse qui peut être triste et vulnérable. Il me prête un charme « tendre et coquin », ce qui n'est pas mal vu. Avec Audiard, il va m'écrire des rôles sur mesure. Dans *Des pissenlits par la racine*, il y a même une scène où je roule une pelle à Michel Serrault. Moment d'anthologie…

Après le tournage, je décide, sur le conseil de Maurice Fellous, de faire une rhinoplastie. Je sais que ça peut être catastrophique, mais aussi que ça peut être formidable ; je suis décidée à ce que ce soit formidable. Je me renseigne, je porte mon choix sur le meilleur chirurgien possible, et il me réduit mon nez, en fait une sorte de marque de fabrique. C'est parfait. Désormais, Mireille Darc sera une blonde à petit nez mutin. J'adore.

Le truc, c'est que la journée, je suis dans le monde de Lautner. Le soir, dans le mien. C'est un changement agréable, j'évolue dans des océans différents. Les deux univers ne se croisent pas et moi, j'y trouve une certaine sécurité. Quand j'ai fini de tourner, je n'ai pas forcément envie de traîner dans les cabarets avec les autres acteurs, qui s'emploient à faire rire les noctambules au Don Camilo ou au Caveau de la République. Je m'éclipse, je saute dans la voiture qui m'attend, et je vais vivre ma vie. Après tant d'heures passées sur le plateau, on a besoin d'un changement d'air. Je ne parle pas l'Audiard loin des caméras. Je suis les élans de mon cœur.

C'est toute ma philosophie du moment, la liberté. Je vais voir beaucoup de concerts, d'expositions, de pièces de théâtre. Jamais, je ne reste longtemps, une heure au maximum. Parfois, je vais danser, notamment au Bus Palladium, avec plaisir. J'ai ma vie, mes copains, mes copines. Qui ne sont pas des gens de cinéma. Et je rencontre Véronique de Villèle, la future créatrice de « Gym Tonic » (avec Davina) : elle va devenir plus qu'une amie, elle va être ma sœur, et organise ma vie, mon travail, durant 15 ans.

Après *La Chasse à l'homme*, jolie farce d'Édouard Molinaro, Georges Lautner me fait signe, à nouveau, pour *Les Barbouzes*. L'équipe est la même que pour les *Pissenlits* mais il y a, en plus, le héros des *Tontons flingueurs*, Lino Ventura. Cette fois-ci, personne ne me demande de faire des essais. Il n'est plus question de mettre en doute mes capacités. Et quand Lino m'invite à manger les pâtes avec les techniciens, dehors, je suis ravie. Cette invitation, venant de lui, c'est un vrai signe d'amitié.

C'est le succès des *Tontons flingueurs* qui a enclenché *Les Barbouzes* : Georges Lautner a envie de pousser le bouchon un peu plus loin, de faire rire encore plus fort. Le scénario est carrément outrancier : un marchand d'armes est enterré, et, autour de sa veuve

Amaranthe (moi), se pressent divers agents secrets qui tentent de lui arracher les secrets de la bombe atomique. Toute l'affaire se règle à coups de flingues, évidemment munis de silencieux. Lautner demande à Audiard d'écrire une scène pour Lino et moi. Mais une scène sentimentale, pudique. Quant à Blier, je le découvre de plus en plus : c'est un homme inattendu, toujours très gentil, et je suis en admiration devant son talent d'acteur. Il est, tout simplement, fabuleux. Cela posé, c'est aussi un sacré caractère ! Mais rien qu'en le regardant, je me perfectionne.

La clé de tout, chez les acteurs de ce calibre, c'est qu'ils ont la pleine conscience du rôle qu'ils vont jouer. Ils emplissent complètement la peau de leur personnage, ils savent d'entrée de jeu quelle couleur ils vont donner à celui-ci. Même si les personnages sont minces.

Les Barbouzes est totalement décalé, par rapport au cinéma de l'époque, et j'adore. Le style Lautner, l'ambiance Lautner, nous sommes tous heureux de les retrouver. Les rapports sont simples, le travail facile. Personne n'est désagréable, ce qui est rare sur un tournage, où les passions, les ego, les frictions sont rapidement agaçants. De plus, mon attitude est désormais arrêtée. Sur les plateaux, tout le monde vit avec tout le monde, et cette existence en commun suscite des égarements. Il est

Avec Jean-Paul Belmondo dans *La Chasse à l'homme*, d'Édouard Molinaro, 1964.

parfois difficile de faire la part de l'amitié profonde et du copinage momentané. Or, moi, j'ai une règle : je ne m'immisce pas, je ne juge pas. Je garde une certaine distance.

Les Barbouzes de Georges Lautner, 1964. À mes côtés, Charles Millot, Lino Ventura, Bernard Blier, Francis Blanche.

C'est l'époque où le cinéma français est dominé par Michèle Mercier, Romy Schneider, Catherine Deneuve, Simone Signoret, Brigitte Bardot. Désormais, je fais partie de ces têtes d'affiche, sauf que je ne suis pas en compétition, jamais. D'ailleurs, avec Lautner, je ne suis jamais en danger. Je le sens très attaché à moi. Il ne fait pas de longues théories psychologiques, il ne se livre pas à des dissections savantes du personnage, il est dans le mouvement. Je ne connaîtrai plus jamais les mêmes relations

avec d'autres metteurs en scène. Lautner me fait bouger, le plus possible, et il bouge aussi la caméra. En plus, j'ai une particularité : je sais parler en marchant, ce qui n'est pas le cas de tous les acteurs. J'ajoute que dire du Audiard, pour un comédien, c'est très difficile. On a l'impression que les phrases sont naturelles, que les mots sont ceux de la conversation de tous les jours. C'est faux. Audiard construit ses dialogues, les fignole, jongle avec la langue verte, l'argot, et le littéraire. C'est un auteur très soigneux, et, sous sa casquette de cycliste, il est cultivé. Donc, ses dialogues sont à part. Personne ne parle en Audiard, dans la vie courante, sauf Blier. « Le Audiard », c'est un langage en soi. Du coup, c'est très dur à mémoriser. Évidemment, il n'est pas question de l'adapter, le texte, de changer un mot : « On me paie assez cher, hein, tu vas pas déconner avec le texte. Il y a une virgule, elle est ici, elle n'est pas là. » Il a travaillé des nuits, donc respect.

Toujours avec Bernard Blier, Lino Ventura et Francis Blanche.

Et encore avec Lino...

Tous les acteurs présents sur le plateau sont chevronnés. Il faut tenir le coup, face à eux. Mais je comprends vite que, même dans les rôles de « baladeuse » qu'on me propose, il faut se débrouiller. Pas question de se laisser aller. Ils passent leur temps à faire des blagues ? Très bien. Je vais leur rendre la monnaie de leur pièce.

Un jour, tandis que Francis Blanche attend sa prochaine scène et qu'il n'a rien à faire, je bavarde avec lui. Je suis mélancolique. Il m'écoute avec affection. Je me confie. Je lui raconte mon enfance malheureuse à Toulon, sans forcer sur l'émotion. L'épicerie, le jardin, mes dialogues avec les arbres, ma solitude, la guerre passée loin de mes parents, je lui raconte tout. Puis je lui annonce que je n'ai jamais connu mon père (ce qui est faux, évidemment). Il me console, car je suis au bord des larmes. J'ouvre mon portefeuille, je sors une photo jaunie et craquelée : « C'est la seule photo de lui. Je la garde précieusement. » Francis Blanche la regarde, et pâlit. Car, sur ce vieux cliché, ce père inconnu présente des ressemblances troublantes avec lui-même ! Comme deux gouttes d'eau ! Or, dans sa jeunesse, il a beaucoup couru les filles ! Il est extrêmement gêné, au bord du malaise. Ainsi, je serais sa fille ?

Il lève les yeux, me regarde. J'éclate de rire. Et, autour de lui, les autres copains rigolent aussi. Il a été victime d'un canular. Tel est pris…

Il apprécie, en connaisseur.

Après *Les Barbouzes*, je réalise qu'il est temps, pour moi, de sortir de la comédie bouffonne, de cette ambiance, sinon je risque d'être classée « marrante » à vie. Je suis quand même passée d'*Athalie* à Rockie la braise sans transition.

Il faut changer de registre, voilà tout.

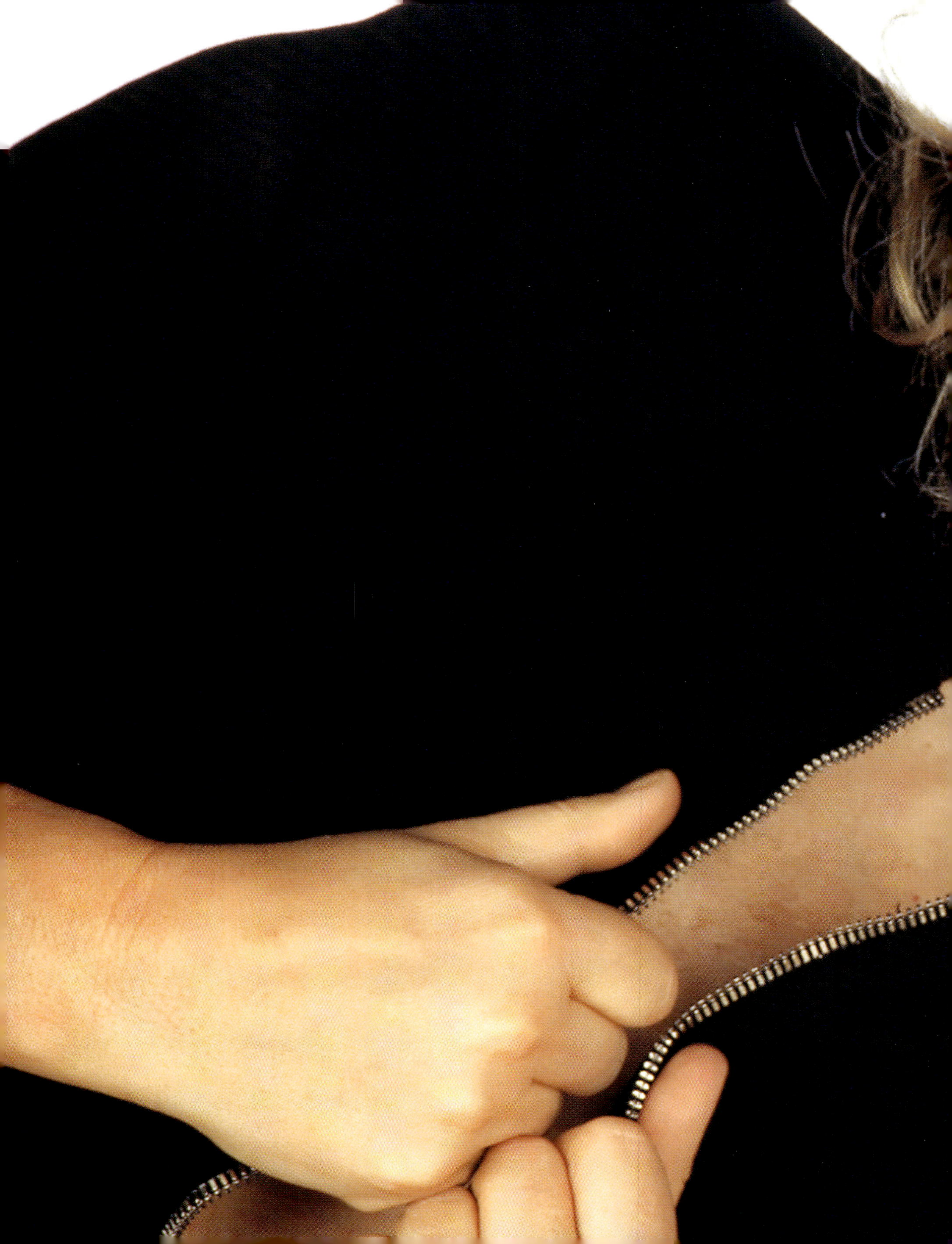

Je veux être ce que je suis. Pas forcément une rigolote. Je veux avoir des rôles avec des sentiments, de scènes d'amour, des émotions fortes. Je ne veux plus être la petite secrétaire, la copine de passage, la décoration florale.

Je rencontre un écrivain, Vahé Katcha. Né à Damas, élevé au Liban, d'origine Arménienne, il concentre en lui toute la subtilité de l'Orient. Katcha me met entre les mains un scénario. Le soir même, je le lis. L'histoire est étrange : Galia sauve une passante qui veut se jeter dans la Seine. Elles parlent. La désespérée est trompée par son mari, et, sur les conseils de sa nouvelle amie, que je joue, décide de s'éclipser, et de laisser le champ libre. Ce qui me touche, c'est le sentiment, la profondeur de mon rôle.

Le titre du film : *Galia*.

Non seulement ce sera un succès, mais un véritable phénomène de société.

Avec Louis de Funès et Bernadette Lafont, *Les Bons Vivants*, de Gilles Grangier et Georges Lautner, 1965.

Galia, dans le scénario, est décoratrice de vitrine, et sa vie sentimentale est l'exact reflet de la mienne. Elle est libre. Ses hommes, elle les choisit, les consomme, puis en change. Ça, j'aime bien.

Le drame naît quand Galia, avec l'accord de la femme qu'elle a sauvée, décide de déposer la lettre de suicide qui laisse penser que l'épouse est morte. Greg, le mari, va-t-il étouffer de chagrin ? Galia le surveille, et constate qu'il n'en est rien. Mieux : l'infidèle s'affiche avec une autre fille. Galia est scandalisée. Elle entreprend de punir et de séduire le mari pour mieux lui faire sentir son infamie. Las ! Elle en tombe amoureuse…

Ce qui me plaît, c'est la disponibilité de Galia. « Alors ? » lui demande un dragueur. Elle répond : « J'attends l'aventure ». Elle est la belle illustration du slogan qui commence à courir : « Mon corps m'appartient ». Galia, c'est l'anti-femme-objet. Elle tranche sur l'époque. Les femmes, alors, sont des créatures qui n'existent que sous le regard des hommes. Moi, j'arrive avec une allure un peu androgyne, et il y a une scène de nu, qui, aujourd'hui, ne choque plus personne mais, en janvier 1966, à la sortie du film,

elle va provoquer fantasmes et protestations, d'autant plus que c'est la photo de l'affiche. N'oublions pas que nous sommes huit ans avant *Emmanuelle*, et que la censure veille… *Galia*, d'ailleurs, sera interdit aux moins de 18 ans.

Un de mes rôles les plus marquants : *Galia*, de Georges Lautner, 1965. Avec Venantino Venantini.

Le film se tourne très rapidement, dans l'enthousiasme, avec un budget très serré. Le choix de tourner en noir et blanc dramatise le sujet. Tout est densifié. Ce qui facilite les choses, c'est que tout se passe dans trois ou quatre décors essentiels, et que l'appartement de Galia est copié sur le mien. Car, pour entrer dans le personnage avec plus de conviction, Lautner me demande d'effectuer la décoration. Celle-ci va être typique des *sixties* : une touche de Swinging London, quelques meubles moulés en plastique, livres à la mode, moquette épaisse. Je sème un peu de désordre, là-dedans : le pick-up est près de mon lit, les vêtements sont éparpillés.

Je suis vêtue d'un col roulé noir, d'un pantalon noir. Quand j'entre au Select, l'effet est garanti. Quand Galia chine aux Puces, je porte un manteau blanc, court, sur des bottes blanches. Effet garanti, à nouveau. Ambiance sexy, avant tout. Je suggère une scène où Galia prend le soleil, déshabillée, sur sa terrasse. Et mon héroïne emploie un langage qui n'a pas cours dans ces années-là au cinéma, ce qui est évidemment un tantinet choquant : « Votre mari, il vous saute de temps en temps ? »

Nous tournons quelques jours à Venise, aussi. Là, les choses deviennent un peu plus remuantes. Car, dans une scène, Galia a chaud, enlève sa veste et son pull, puis remet sa veste, poitrine nue. Or, nous sommes en Italie. Le temps de tourner une prise, et nous prenons tous la poudre d'escampette, avant l'arrivée des carabinieri. Autre bon souvenir : il y a une scène où je jette le pantalon de Venantino Venantini par la fenêtre de ma chambre, au Danieli. L'idée, c'est que le pantalon doit décrire une belle courbe, puis tomber dans l'eau, où il flottera quelques instants, gracieusement. Hélas, rien ne fonctionne comme prévu. Le vêtement se met en torche dès que je le jette, et, surtout, ressemble à une serpillière dans l'eau. L'accessoiriste a une idée : il suffit, dit-il, de mettre des capotes anglaises gonflées dans les poches. Aussitôt dit, aussitôt fait. Et ça marche.

Jouant aux billes avec l'équipe de *Galia* !

Le dernier jour, encore une touche heureuse. L'avion, déjà, nous attend. Le matériel est emballé. Or, en nous levant, le matin, nous constatons que la place Saint-Marc est noyée. C'est l'*aqua alta*. Lautner, immédiatement, en profite, contre l'avis du directeur de production. Il fait tout déballer, improvise une scène d'amour dans l'eau (très sexy) et le tour est joué.

Quand nous repartons, nous ne savons pas ce qui nous attend. Cette histoire est immorale ? Bien sûr. Mais c'est ça qui est bien.

Encore *Galia*… entre deux prises de vue.

Quand le film sort, c'est formidable. La première semaine est médiocre, mais très vite, le succès s'emballe. Un distributeur décide de s'accrocher, et de maintenir le film à l'affiche. Et ça devient un phénomène : vingt-six semaines de suite ! Galia – le personnage – devient une sorte de symbole : nombre de jeunes femmes s'identifient à elle, envient sa liberté, aiment son allure. La presse suit. On parle d'émancipation, de libération de la femme, de féminisme – le mot est nouveau. Et, évidemment, on m'identifie à Galia. Les magazines féminins recommandent ma coiffure, détaillent mes vêtements, retracent mon voyage à Venise. Le parfum de scandale me suit, et renforce le succès du film. Chacun veut se rendre compte de quoi il s'agit. On m'interviewe dans tous les sens. Quel est le statut de la femme ? Comment la libération des mœurs influe-t-elle sur la vie quotidienne ? La sexualité féminine est-elle enfin libérée ? Et quid de l'adultère ? Les commentateurs politiques me convient, les chroniqueurs de radio me tendent le micro. Je deviens à la fois conseillère, juge, analyste. On me demande même ce que je pense sur la guerre du Vietnam… Ni le public ni les journalistes ne font la différence entre le personnage et l'actrice. Il est vrai que je ne fais rien pour les différencier : Galia, c'est moi, au fond.

Ce qui me plaît, dans le film, c'est qu'il y a une véritable poésie.

C'est avec un immense plaisir que je me rends à l'évidence : le succès est en train d'arriver comme un tsunami. En plus, je corresponds bien à l'humeur du moment :

C'est avec un immense plaisir que je me rends à l'évidence : le succès est en train d'arriver comme un tsunami. En plus, je corresponds bien à l'humeur du moment : les Beatles, la jeunesse, les carcans qui explosent. On m'invite partout, je suis l'objet de toutes les attentions, je deviens, d'une certaine façon, un symbole sexuel. La brève scène où je suis nue, l'autre scène où je suis dans la baignoire avec mon chemisier mouillé, voilà ce qui a enflammé l'imagination du public. Les gardiens de la morale sont scandalisés.

les Beatles, la jeunesse, les carcans qui explosent. On m'invite partout, je suis l'objet de toutes les attentions, je deviens, d'une certaine façon, un symbole sexuel. La brève scène où je suis nue, l'autre scène où je suis dans la baignoire avec mon chemisier mouillé, voilà ce qui a enflammé l'imagination du public. Les gardiens de la morale sont scandalisés.

Et ce n'est pas fini. Car le film est exporté, notamment à New York où, pourtant, les œuvres françaises sont rares, et à Londres, où le succès est immédiat. Pour la promotion, je suis invitée, d'abord, en Angleterre. Or, je ne suis jamais sortie de France. Je découvre la politesse des Anglais, les Rolls dans lesquelles on me promène, et Carnaby Street, le centre du monde de la mode. Je suis présentée à la reine, je serre les quatre mains des Beatles, je suis la French Girl piquante et audacieuse, le rêve de ces messieurs cravatés. Je n'en reviens pas des propositions qui me sont faites : tous, lords et producteurs, patrons de presse et simples spectateurs, veulent m'attirer dans leur lit. La petite Mireille Aigroz est devenue objet de désir international. Les flashes crépitent, les caméras tournent. Ma tête aussi.

Sur une page du Sud, dos nu ...

Je dois aller à New York, où l'accueil est triomphal. Visites, invitations, ascenseur de l'Empire State. Enfin, je me retrouve en URSS, où la grisaille communiste est égayée, un instant, par la folie qui m'entoure. Moi, je ne sais pas ce qu'est le communisme. À la maison, quand j'étais petite, il y avait la photo de Pétain. Les hommes me regardent bouche bée, rêvent d'une liberté pareille, si loin de la morale en vigueur à Moscou.

Quand je sors en boîte de nuit, je suis entourée d'une nuée de prétendants. Quand je vais me promener, ma balade se mue en conférence de presse. Surtout, les gens n'arrêtent pas de me demander des conseils pour améliorer leur vie. Or, je me suis fait une règle de ne jamais juger. Là, je suis sollicitée comme si j'étais une sorte de gourou.

Dans ce tourbillon, je me retrouve dans une grande solitude. Je commence à avoir très peur. Je me rends compte de ma pauvreté intellectuelle. Jane Fonda sait parler aux journalistes de la guerre du Vietnam. Elle sort d'une famille d'intellectuels. Moi, je me retrouve avec l'envoyée du magazine *Elle* qui me pose des questions sur la révolution féminine, et je m'aperçois que je ne sais pas ce que c'est. Je suis perdue. Je n'ai rien pour étayer mon succès. D'où ma frayeur. Je ne suis pas armée. Je m'aperçois qu'on peut très vite abuser de moi, intellectuellement. Je suis très perturbée. J'entre dans une période difficile. On parle de moi, tout va très vite, tout m'échappe. Quand j'ai débuté dans ce métier, je n'ai pas rêvé d'être star. Je voulais jouer, c'est tout.

Je réalise, aussi, que la célébrité peut être toxique. Plus question, à Paris, de sortir sans être abordée, pressée, sollicitée. Plus possible d'aller dans un lieu public sans voir les paparazzi fondre sur moi. Plus jamais, je ne pourrai donc être invisible ? Par chance,

j'ai la tête sur les épaules. Mais d'autres que moi, devenues célèbres à 15 ou 18 ans, ont été foudroyées par le succès. Pourtant, avec un peu d'humour, un zeste de bon sens, on peut traverser pareilles périodes sans sombrer. À la vérité, je ne suis pas préparée à pareil succès. Je deviens, en quelques semaines, la fille incontournable. On m'invite partout : à l'inauguration d'un métro, à une première, à un débat sur l'avenir du monde. On me veut à toutes les sauces. Je n'ai pas d'attaché de presse, je n'ai pas de maman derrière moi, Isabelle Kloucovsky s'occupe de ses autres clients et, au lieu de prendre contact avec d'autres metteurs en scène pour moi, laisse les choses rouler. Du coup, personne ne me propose rien d'intéressant.

Avec Georges Lautner, au club Saint-Hilaire.

Moi, je subis. Les journées sont fiévreuses. Je me lève le matin, je me lave la tête, je fais ma mise en plis, je me prépare, je me fais prêter des robes par Courrèges, je dois trier mes rendez-vous. Je n'ai pas d'argent pour engager une secrétaire. Mon contrat n'est pas excellent : j'ai tourné pour rien, l'équivalent de trois mille euros. *Galia* ne va pas m'enrichir, mais va me donner une visibilité immense. Les gens pensent que je suis milliardaire, mais, en fait, je n'ai rien. Le 31 décembre 1966, je fais une émission de télé pour souhaiter bonne année aux Français : à l'écran, je suis l'image du bonheur. En coulisse, je n'ai pas un sou et je ne peux même pas inviter une copine.

Je dois faire face. Peu à peu, je me construis. Je passe des nuits entières à pleurer, de peur de passer pour une niaise. L'école ne m'a pas appris ce qu'est le Vietnam, mes parents non plus. Tout ce que je sais, c'est que mon frère a été là-bas. Mais dans des bureaux. Je ne sais même pas ce que le mot « G.I. » veut dire. Je sais désormais que je ne sais rien, ce qui est un grand pas. Je me tourne vers Guy Schoeller et son frère, et tous deux m'aident. Ils comprennent que je suis perdue, et ont l'élégance de ne pas se moquer de moi.

Les retombées du film sont telles que je suis obligée de faire le point sur moi-même. C'est comme si on m'avait multipliée par dix mille. Il est temps de rentrer d'essayer de comprendre. Jusqu'à maintenant, j'ai suivi les choses comme elles venaient. Je profitais de l'instant, sans me poser de questions. Or, tout change. Je ne suis plus anonyme, et je dois comprendre qui je suis. La première chose, c'est de s'ouvrir, de s'intéresser aux autres, au lieu de réagir comme les acteurs, dont l'ego enfle.

La célébrité a ses codes et ses garde-fous, il faut savoir les utiliser. Le soir, pas question d'aller n'importe où. Ni avec n'importe qui. Les fréquentations doivent être triées sur le volet. L'image doit être contrôlée. Dans les boîtes, quand les hommes m'abordent, ils commencent par me tutoyer. Je n'apprécie pas. Quand je m'en vais, et que je cherche un taxi pour rentrer, ils me proposent tout de suite de me raccompagner. Sur leur front, il y a marqué : « C'est une fille facile. » J'ai des défenses très bien marquées : si on me tutoie, je vouvoie. Si on me propose de me raccompagner, je fais remarquer que j'ai ma voiture. Je me retranche. J'évite ainsi les situations délicates.

Je note, cependant, dans la rue, qu'il y a des Mireille Darc partout. Des grandes femmes blondes, avec frange et coupe au carré. J'en souris. Il est vrai que peu de choses peuvent m'enfler la tête, ce n'est pas mon genre. Sauf… Sauf que je joue un rôle, que je sens ce moment extraordinaire où je suis pile sur le personnage, où je suis totalement juste. Quelque chose s'exalte en moi.

Dans mon appartement parisien, au lit !

À ce moment-là, je deviens une parcelle de Dieu.

Galia va rester, dans ma carrière, comme un point d'orgue, un virage important. Il y en aura d'autres, mais celui-ci, c'est le premier.

Je suis devenue une star.

Une autre question se pose, intimement : je n'ai pas trente ans, je suis seule. Je commence à m'inquiéter, la barre de la trentaine approche. J'aimerais avoir une belle histoire d'amour. Je suis prête, je suis en attente.

L'amour, il n'y a que ça de vrai.

Festival de Cannes 1966. Nous sommes nés tous les deux le même jour. Bon anniversaire Michel !

Les producteurs étrangers se manifestent. On me propose des contrats en Italie, en Espagne, aux États-Unis. Hollywood ? Pourquoi pas ? Lautner rigole, parle de kidnapping. Audiard réagit en me traitant de vendue. Tous se moquent, gentiment. Au fond, ils ont peur pour moi. D'autres actrices françaises vont tenter la greffe américaine. Elle réussira rarement. Moi, d'abord, je suis enchantée… Jusqu'au moment où je réalise que je ne parle pas anglais. Pas un mot, pas un son, rien. Quand on me dit : « How do you do », je sers le café. Quand je dis : « Good morning » avec l'accent frenchy, on m'aide à m'asseoir. L'incompréhension est totale.

Au cours d'un déjeuner, tout le monde se déchaîne. Je vais devenir un déchet, droguée et abandonnée. Je serai violée par les Hell's Angels. Je serai la victime d'une secte satanique. Je vais me perdre dans la Vallée de la Mort, et on ne retrouvera que mes ossements. Tout le monde est d'accord : plus de copains, plus de bistrots, plus rien : la zone. Je me marre, mais j'ai la trouille. Et les contrats pharamineux n'y changeront rien.

J'arrive à Orly. Les bagages sont dans la soute. Le producteur, Raymond Danon, est dans l'avion. Je le rejoins, paniquée. Je ne laisse rien apparaître. Le Boeing d'Air France ronronne, les fauteuils sont confortables, un murmure m'accompagne tandis que je remonte l'allée. « Vous avez vu ? C'est Mireille Darc… » Je fais semblant de ne rien entendre. Je vais rester enfermée pendant quoi ? Huit heures ? Douze heures ? Je n'en sais rien. Quand les moteurs augmentent la cadence, Raymond Danon va aux toilettes. La porte de l'avion est restée ouverte. Je me lève, je sors de l'avion, je reviens sur la terre ferme et je me mets à pleurer sur la piste d'Orly.

Je n'irai pas à Hollywood.

Et la vie reprend, avec les copains. Je tourne un vague film aux Baléares, pour gagner un peu d'argent. J'enchaîne *Du Rififi à Paname*, avec Jean Gabin. Je n'ai qu'une scène, en robe avec le dos nu. Je suis sexy, l'image pimente le film.

Du Riffifi à Paname, de Denys de La Patellière, 1966. Avec Gert Fröbe.

Galia a au moins un avantage : désormais, je suis une valeur sûre. J'achète l'appartement de mes rêves, sur la Seine, et je vis un véritable tourbillon. Tous les lundis, je rejoins Michel Audiard pour regarder des matches de boxe porte de Versailles. Les *sixties*, pour moi, c'est une explosion de sons, de couleurs, de sorties. Je tourne *À Belles Dents* avec Jacques Charrier et Daniel Gélin. Je m'achète une Alfa-Roméo décapotable. Je pète un peu les plombs.

Toulon, c'est loin. J'ai une sorte de ressentiment à l'égard de ma famille. Mes frères ne me donnent pas signe de vie. Ma mère, pas un mot. Les Aigroz font comme si je n'existais pas. Ma solitude en est renforcée. Le succès de *Galia* ? Silence radio. Mon nom sur l'affiche avec Jean Gabin ? Pas un son. Mes photos sur la couverture des magazines ? Pas vues.

C'est quoi, de la part de ma mère ? De la honte ? De l'envie ? De l'incrédulité ? Peut-être de la pudeur ? Ma mère connaît-elle seulement cette Mireille Darc dont tout le monde lui rebat les oreilles ?

Je roule dans mon Alfa, les cheveux au vent. Ma mère me manque.

★

★ ★

Je replonge avec Lautner. Après tout, je me sens bien avec cette belle équipe, pourquoi ne pas continuer, malgré mon désir de changement ? Georges me propose *Ne nous fâchons pas*, avec Lino Ventura. C'est du sur mesure. Le scénario est un peu transparent, mais l'ambiance est bien là. Et les dialogues d'Audiard sont toujours un plaisir. Moi, je joue Églantine Michalon, une gentille fille qui aime les chevaux et qui apprécie qu'on lui foute la paix. Je tiens la dragée haute à ces messieurs qui, malgré le titre, se fâchent sans cesse, ce qui fait monter leur tension. Gros succès au box-office.

Avec Lino, sur le tournage de *Ne nous fâchons pas*, de Georges Lautner, 1966.

J'enchaîne avec *La Grande Sauterelle*, de Lautner. L'idée, c'est de partir du titre, que tous s'accordent à trouver excellent. C'est d'ailleurs un surnom qui va me coller à la peau pendant longtemps, mais ça m'amuse. Audiard bâtit une intrigue farfelue : tout se passe à Beyrouth, et le personnage principal, Carl, figurez-vous qu'il veut détrousser un milliardaire à la sortie d'un casino ! L'ennui, c'est que Carl rencontre Salène, une fille – moi – qui n'est pas une pute et qui enjolive la conversation. Libre, amusante, disponible – une sorte de Galia exotique – la fille lui tourne la tête, et notre homme laisse tomber ses acolytes.

Finalement, le bandit décide d'abandonner la mauvaise vie et se tire aux Cyclades vivre un amour qu'on espère éternel.

La Grande Sauterelle, de Georges Lautner, 1967. Ici, dans les bras d'Hardy Krüger.

Ce qui me fait plaisir, c'est qu'Audiard, qui n'est pas réputé pour écrire des scènes pour les femmes, s'y colle. En plus, je collabore avec lui pour certains passages, notamment pour des réactions de l'héroïne, qui me ressemble par bien des points. Je suggère à Audiard des images à Baalbeck. J'écris une scène où je marche en parlant, la nuit, éclairée par les lumières rouges des voitures.

J'essaie de sortir d'un cinéma un peu trop calibré pour moi, mais voilà : je me retrouve dans le genre que j'essaie de fuir. Car, bizarrement, le succès de *Galia* ne m'ouvre pas toutes les portes que j'espérais. Personne ne me fait d'offre intéressante. Pas de coup de fil de François Truffaut, de Louis Malle ou de Claude Chabrol. Je me demande pourquoi. Mon image est-elle trop fugace, trop légère ? Ou, au contraire, suis-je si marquée par la comédie qu'on ne me trouve pas d'emploi dans le drame ? En attendant qu'on vienne me quérir pour jouer *Crime et Châtiment* ou un film de Bergman, je reviens à ce que je sais faire le mieux : vivre ma vie.

Et faire mon métier.

Bizarrement, le succès de Galia *ne m'ouvre pas toutes les portes que j'espérais. Personne ne me fait d'offre intéressante. Pas de coup de fil de François Truffaut, de Louis Malle ou de Claude Chabrol. Je me demande pourquoi. Mon image est-elle trop fugace, trop légère ? Ou, au contraire, suis-je si marquée par la comédie qu'on ne me trouve pas d'emploi dans le drame ? En attendant qu'on vienne me quérir pour jouer* Crime et Châtiment *ou un film de Bergman, je reviens à ce que je sais faire le mieux : vivre ma vie.*

Et faire mon métier.

Pour le film, je bâtis mon personnage de grande sauterelle. Elle est comment, cette Salène qui traîne à Beyrouth ? Longue, sexy, rêveuse, amusante, et… un peu mystérieuse. Comment est-elle arrivée au Liban ? Mon partenaire, Hardy Krüger, qui joue mon amant, Carl, est un Allemand. Son style, sa méthode de travail sont très différents des miens. La scène où il me gifle me fait sauter le tympan. L'alchimie entre la petite aventurière de Beyrouth et le truand sur un coup ne s'effectue pas.

Entre deux plans, je monte dans ma Mini-Moke, je sillonne les routes du Liban, je visite. Les *Lautner Boys* continuent à être aussi soudés, aussi joyeux. Moi, je reste sur ma ligne de conduite. Je ne leur raconte rien de ma vie privée, aucun prétendant ne vient jamais me chercher, ils ne savent pas si j'ai un homme ou un chat dans ma vie… La complicité est à ce prix. Du côté de Gaumont, je note quand même que mes cachets n'augmentent pas énormément ; c'est dû au fait que le producteur, Alain Poiré, connaît son métier, et me fait signer deux ou trois contrats d'avance. Les prix sont ainsi bloqués. Mais je suis une cigale : je ne mets rien de côté, je dépense tout. Le crédit, connais pas.

La même année, je me retrouve dans un film d'espionnage. Je suis la vedette, le nom en haut de l'affiche, le personnage central. Nicolas Gessner, mon premier réalisateur suisse, s'est inspiré d'un roman de James Hadley Chase. *La Blonde de Pékin* tourne autour d'un personnage amnésique (moi). Après bien des tribulations, je retrouve la mémoire, et je m'aperçois que je possède une perle rare. L'affaire se termine, comme d'habitude, par une fusillade générale, et la blonde de Pékin repart pour de nouvelles aventures… À l'époque, il y a sur le plateau Edward G. Robinson, 70 ans, qui a une carrière extraordinaire et qui a travaillé avec les plus grands réalisateurs de Hollywood : Minnelli, John Ford, Frank Capra, John Huston ; c'est un homme fin, collectionneur d'art, au goût très sûr. Je suis ravie de le connaître. Il a une classe folle. C'est l'une des belles rencontres de ma vie.

Nous tournons à Hong Kong. C'est mon premier voyage en Asie, et je découvre les rues grouillantes, les odeurs, les couleurs, la chaleur de cette ville fascinante. Je sais que le film ne sera pas un chef-d'œuvre, mais il n'en reste pas moins que je me fais plaisir, une fois de plus.

Je sens que j'ai d'autres cordes à mon arc, que mon talent d'actrice n'est pas exploité à fond. Je suis dépendante des scénarios qu'on m'envoie. Or, on ne m'envoie pas ce que je désire. J'en parle à mon producteur attitré, Raymond Danon. Dans son bureau ultramoderne de l'avenue Hoche, nous bavardons. Nous jetons quelques noms dans la conversation, dont celui de Jean-Luc Godard. Celui-ci, à 37 ans, est considéré comme le plus radical des réalisateurs français. Depuis *À bout de souffle*, en 1959, il règne. J'ajoute que j'ai vu tous ses films, et que j'admire son œuvre. Incontestablement, c'est

Sur le tournage de *Week-End*, de Jean-Luc Godard, 1967. Avec le réalisateur et Jean Yanne.

un grand artiste. Il y a chez lui une poésie qui me plaît, à travers les mots qu'il fait dire à ses acteurs. Son œuvre capte quelque chose de l'époque. J'ai envie d'exprimer ce temps qui règne.

Raymond Danon comprend ma lassitude et décide de contacter Godard. Celui-ci me propose de tourner *Week-End*. J'accepte. Je ne rencontre pas Godard, qui me fait demander, par son assistant, de choisir des vêtements. Avec son épouse, Anne Wiazemsky, je me rends dans un magasin, pour choisir des fringues. *Week-End* est un vague scénario avec une vague ossature. Tout est vague, d'ailleurs, le plan de tournage comme le contenu des scènes. La trame : un couple de Français moyens, Corinne (moi) et Roland (Jean Yanne) partent en week-end en voiture, et sont 1°) Retardés par des embouteillages déments ou 2°) Témoins d'accidents tous plus terribles les uns que les autres. Chemin faisant, ils croisent des personnages mythologiques : Joseph Balsamo, Marie-Madeleine, Emily Brontë. Je ne comprends pas bien le propos. Personne, d'ailleurs, ne le comprend. Pourquoi m'avoir acceptée ? Là aussi, mystère total. En plus, Godard m'accueille sur le plateau avec, disons, une certaine froideur. « Vous m'êtes antipathique », me dit-il. « Vous et vos films », ajoute le Maître. Je ne dis rien. Je suis curieuse. J'ai envie de travailler avec lui. L'impression générale est celle d'un homme agacé, désagréable, qui fume cigarette sur cigarette, et qui tient à manifester sa mauvaise humeur.

Mais bon, c'est Godard. On m'a prévenue : il est bizarre. Après l'ambiance Lautner, ça change. C'est même la douche froide. Avant le début du tournage, Godard me fait signer un papier qui stipule que je ne discuterai jamais. La veille du premier jour de tournage, il me téléphone pour me dire :

– Demain, on va faire une scène où vous racontez une partouze. Vous serez assise sur la table de la cuisine. Vous aurez la tête de votre amant entre les cuisses, et voilà.

– Mais je n'ai pas le texte.

– On le scotchera sur la caméra. Ne vous inquiétez pas.

Week-End, de Jean-Luc Godard. Avec Jean Yanne, un homme si drôle !

Le lendemain, coup de téléphone de l'assistant, Claude Miller :

– Monsieur Godard n'est pas prêt. Restez chez vous.

Je reste donc chez moi. Le lendemain, pareil. Le jour suivant, idem. Un autre coup de fil :

– Bien sûr, vous serez nue.

Au bout de cinq jours, on m'avertit qu'on va tourner autre chose.

Jean Yanne, mon partenaire, est aussi égaré que moi. D'abord, c'est son premier film, il est un peu incertain, il a besoin de trouver ses appuis. Nous faisons de notre mieux, quand même. Godard, devant la presse, résume son film :

– *Week-End*, je ne sais pas comment le présenter. C'est un film qui déplaira sûrement à la majorité de spectateurs… Parce que c'est très méchant, grossier, caricatural. C'est fait dans l'esprit de certaines bandes dessinées d'avant-guerre. C'est plus méchant qu'*Hara-Kiri*, dit-il.

– Ah, bon ?

Tout est à l'avenant. Les jours de tournage sont décalés : les scènes et les dialogues ne sont communiqués qu'à la dernière seconde – quand elles sont communiquées ; il y a des scènes de nu, mais elles ne seront pas tournées, du moins pas tout de suite ; quand il y a de la boue, il faut se rouler dedans ; quand il y a de la pluie, il faut se mettre dessous ; quand je suis bien coiffée, il est obligatoire de me décoiffer. Godard crée des travellings incroyablement longs, et semble sortir le scénario au fur et mesure de sa tête. Plus le film avance, moins nous comprenons. Jean Yanne est résigné et, dans le rôle de mon « pauvre mari banal », il exécute ce qu'on lui demande. Je ne dis rien. Je suis à un moment de ma carrière où, sans doute, j'ai besoin qu'on me décoiffe. Je me dis : « C'est intéressant. » Est-il plus utile d'être pomponnée et de se regarder dans un miroir, ou d'être utilisée à fond pour traduire une vision artistique ? Je suis perplexe. Je découvre au fur et à mesure une modernité et un sens du rythme qui me mettent en joie. Nous sommes souvent en panne de texte, de scènes à tourner. Nous attendons des journées entières.

Sur le tournage de *Week-End*.

Puis, n'ayant rien fait, nous nous entendons dire, vers quatre heures de l'après-midi : « Vous pouvez disposer. » Quand j'arrive le matin, il me dit : « Mademoiselle Darc ? Vous voyez cette flaque d'eau ? Allez vous rouler dedans. Puis séchez-vous au soleil. »

Lors d'une scène où on doit mettre le feu à une voiture, Jean Yanne me suggère de partir avant le top donné par Godard. « Tirons-nous avant », me dit-il. Je suis son conseil, quitte à provoquer la colère du cinéaste. Et, en effet, Jean Yanne a raison. J'ai, en plus, la présence d'esprit d'improviser une réplique :

Les premiers téléviseurs portables...

– Mon sac ! Mon sac de chez Hermès !

Tout le monde éclate de rire. La voiture explose. Godard est content.

Si nous avions attendu le signe de Godard, j'aurais pu être blessée.

La fameuse scène nue du début sera filmée, mais en fin de tournage. Ce qui est quand même plus confortable : on connaît l'équipe, on a eu le temps de se familiariser. Nous tournons dans l'appartement de Jean-Luc Godard. Quand j'arrive, il me dit :

– Mademoiselle Darc, vous serez en slip et soutien-gorge.

– Je n'en ai pas.

– Pourquoi ?

– Parce que, si je tourne nue, les marques sont longues à partir.

Du coup, il est embêté. On va m'acheter un soutien-gorge et un slip. Et je déclame un texte que Godard va s'employer à brouiller. Personne n'entendra un mot de ce que je dis. Finalement, le côté sadique de Godard m'amuse. Je deviens assez copine avec Anne Wiazemsky. Elle me dit :

– C'est difficile pour toi, n'est-ce pas ?

Je n'ai plus jamais tourné avec Godard. Mais je garde un bon souvenir, tout compte fait. Je suis surtout ravie d'avoir connu Jean Yanne, un être humain formidable.

La critique, comme d'habitude est conquise par *Week-End*. Il a « une lucidité étonnante et jamais dupe », selon les uns, ou « livre une peinture graphique et caustique de la France des loisirs ». Que Godard soit une sorte de génie, personne ne le conteste. Il y a quelque chose de douloureux en lui. Le film, lui possède des fulgurances que j'adore. On aime ou on n'aime pas, mais on ne reste pas indifférent. Et puis, *Week-End* n'annonce-t-il pas Mai 68 ?

Et, ma foi, je suis fière d'avoir fait ce film.

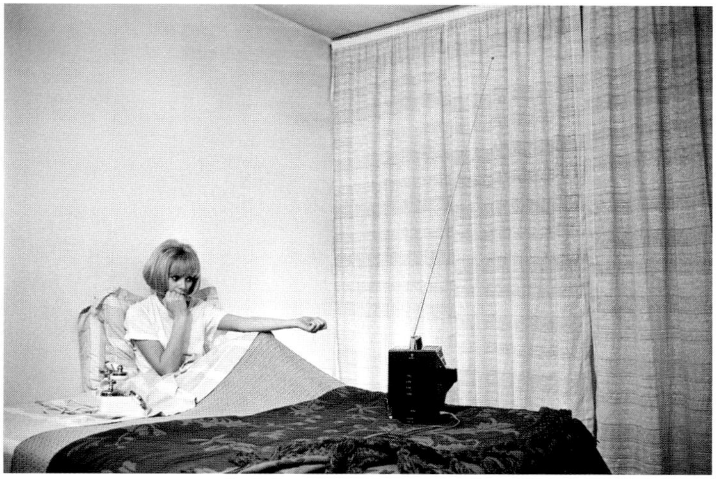

SONY

Les années Delon

En 1968, elle devient la compagne d'Alain Delon.
Ils tourneront ensemble *Jeff*, de Jean Herman,
puis *Madly* de Roger Kahane, dont elle écrit le scénario.
Le couple devient l'un des plus médiatisés
et des plus cultes de France.

Je suis au bord de mes 30 ans. C'est un palier pour une femme. Je fais le point : côté carrière, ça roule. Côté parents, pas de bruit, pas de lumière. Côté amour, bof. Côté apparence, pas mal. Je fais surtout attention à la silhouette. C'est la clé de tout, me dis-je. Quand une femme prend de l'âge, souvent, elle s'épaissit. C'est là que tout se joue. Je n'ai rien contre la chirurgie esthétique – bien au contraire, je trouve qu'elle est nécessaire dans certains cas et j'en ai fait l'expérience réussie avec mon nez – mais faut pas abuser. Aujourd'hui, je n'ai pas recours au Botox et à l'acide hyaluronique, mais je préserve toujours attentivement ma silhouette. Le tout, c'est de rester mince. Garder son poids stable. Je veux pouvoir porter les mêmes vêtements. Je fais attention. À l'époque et maintenant. Et si, aujourd'hui, j'ai encore un visage qui n'a pas trop souffert, c'est sans doute que la vie a été gentille avec moi…

Avec Alain,
sur le tournage de *Madly*,
de Roger Kahane, 1969.

Au fond, c'est en faisant des documentaires, dans les années 2000 – sur divers sujets de société – que j'ai appris comment rester belle à 50 ans et après. La gymnastique douce, le Pilates, les gestes qui fortifient l'organisme mais qui ne le brutalisent pas, voilà le mode de vie. Et puis j'évite le soleil, désormais. J'ai beaucoup bronzé, dans ma vie. Mais c'est fini : la peau doit être protégée. Je pratique le parasol, en été. Pour l'alimentation, j'évite le sel, le sucre, le lait, les céréales. Je reste persuadée que l'âge d'or d'une femme, c'est après la quarantaine. C'est la période intéressante : on a de l'expérience, on a acquis un certain regard sur la vie, on est en pleine possession de son corps et de son esprit, on sait faire des choix. Il y aussi la question du comportement. Une femme que son mari appelle « maman » à la maison est mal partie. Petites choses, mais choses importantes… S'entretenir, c'est le prix de la beauté.

Bref, à 30 ans, je n'en suis pas à me poser toutes ces questions. Elles viendront au fur et à mesure, avec la sagesse. Je reçois des scénarios, début 1968, et je sélectionne. Parfois, en fonction des impôts à payer. Parfois, à cause de la qualité du script. Souvent, parce que je me sens en confiance.

L'argent, évidemment, m'intéresse. J'ai toujours tenu à rester indépendante financièrement. Je ne suis pas motivée par le goût du luxe, mais je me paie, alors, des fantaisies : ma Porsche Targa me coûte cher. Pour financer ces petits caprices, il faut que je tourne.

Juste avant que n'éclatent les « événements » de Mai 68, je reçois un coup de fil. C'est Alain Delon, qui m'invite à le voir dans *Les Yeux crevés*, la pièce de Jean Cau, qu'il va jouer au Gymnase. Nous nous connaissons un peu : un ou deux ans auparavant, nous nous sommes croisés dans un avion, et il a essayé de me voir à Madrid. Moi, méfiante, j'ai simplement disparu sans laisser de trace. Sans doute sa notoriété m'a fait peur : il est sans cesse suivi par des paparazzi, ses moindres gestes sont scrutés, et c'est une star colossale. De plus, il a une filmographie extraordinaire : il a déjà tourné deux chefs-d'œuvre avec Visconti, il est tête d'affiche dans des films superbes, et son dernier film, *Le Samouraï* est un triomphe. Dans l'avion, il m'a offert un petit bracelet en poil d'éléphant, le geste m'a touchée mais je ne me suis pas sentie maître de ma vie. Il est trop : trop beau, trop célèbre, trop présent. Je ne me suis pas sentie assez forte.

Nous avons eu l'occasion de nous croiser sur des plateaux, dans le passé. Notamment à Joinville, en 1963. Alain, alors, tournait *Mélodie en sous-sol* avec Gabin. En allant vers sa loge, il avait parfois l'occasion de me voir. Je me souviens : il se retournait tout le temps. Et il rigolait. La chose m'amusait : cette façon de faire une cour gentille était sympathique.

Or, en mai 1968, il se manifeste à nouveau. J'ai aimé la pièce de Jean Cau, et je le lui dis. Mais voilà : la jeunesse a explosé. Et Jean Cau a été visé avec précision par les émeutiers. Du coup, la pièce est annulée après quelques représentations. Trois jours. Tant de travail pour pareil résultat… Au téléphone, la conversation se prolonge. J'écoute. Peut-être que la nuit favorise les confidences. Il me parle de ses blessures, j'évoque mes tournages, et, alors que la Sorbonne retentit des chants d'une jeunesse qui se réinvente, nos pensées se croisent, « divins oiseaux du cœur ».

Et, tandis que la ville s'enfièvre, toutes les nuits, nous nous livrons à des conversations sans fin. Il me raconte Fabien Delon, son père, qui avait un petit cinéma à Sceaux. J'évoque l'épicerie de mes parents, à Toulon. Il me décrit ses souvenirs du divorce de ses parents, alors qu'il avait quatre ans. Je lui dépeins mon père, muré dans son silence. Alain me dit sa fierté d'avoir eu son diplôme de charcutier, et son besoin de liberté qui l'a conduit à s'engager dans l'Unité Marine de Saigon. Je reviens sur mes années d'apprentissage, et mes débuts au Conservatoire. Il a connu la bohème à Montmartre. Moi aussi. Les trois années qui nous séparent ne sont rien, mais elles ont suffi à nous faire vivre dans des univers parallèles. Il a connu la guerre, là-bas, en Indochine, à 17 ans. J'ai été une adolescente paumée, vivant dans une ambiance de pauvreté. Nous sommes deux gosses qui avons su sortir de cette grisaille, pour entrer dans un monde qui nous a donné notre chance. Nous avons saisi cette chance.

Je pars à Rome, où je tourne *Gonflés à bloc*, avec Tony Curtis et Bourvil. Le scénario est amusant et reconstitue, sur le mode comique, le rallye automobile de Monte-Carlo en 1920. Nous sommes costumés en personnages d'époque. Je joue le rôle d'un médecin, sous la direction de Ken Annakin, réalisateur anglais. Nous sommes loin de ma Porsche, et de ma Mini-Moke : ici, ce ne sont que des Alvis Speed 20, des Mercedes SK de 1928, des Lancia Lambda, des Blower Bentley. Même si le film n'est pas un chef-d'œuvre, il est pittoresque.

Je vais rester quatre mois à Rome.

Fleur d'oseille, de Georges Lautner, 1968.

Quelque chose commence entre Alain et moi, je le sens.

Je ne serai jamais amoureuse d'Alain, je l'aime profondément, ce qui est différent. Je ne serai pas dans les émois avec lui, mais dans quelque chose de beaucoup plus profond. C'est un homme qui m'a impressionnée, et qui m'a laissée libre de mes choix. Je vais garder mon appartement pendant deux ans avant de vivre avec lui. La vie va nous souder.

À la sortie des *Yeux crevés*, Alain Delon me parle d'un film qui va se tourner dans quelques jours : *La Piscine*. Il y sera confronté, me dit-il, à Romy Schneider. Tout aura lieu dans une villa de Saint-Tropez, ce qui simplifie le tournage. Je lui propose alors de lui prêter ma Mini-Moke, petite voiture à la mode, totalement décapotable, idéale pour l'été. Il accepte.

Un soir, il me dit, au téléphone :

– Je vais tourner un autre film. Ça s'intitule *Jeff*. Tu veux lire le scénario ?

Le lendemain, il arrive à Rome, le script en main. Il est d'une beauté à couper le souffle. Séducteur, oui, mais timide aussi. Il n'est pas démonstratif. Il est touchant. Ses problèmes personnels lui font un bagage intéressant, une densité. Je découvre un homme qui n'est pas simple. Fragile, aussi. Nous allons dîner ensemble. Rome, la ville magique, est à nous. Nous nous promenons. Les choses se font simplement, doucement. Nous nous retrouvons l'un contre l'autre.

Le lendemain, il repart pour Saint-Tropez. Je reste à Rome, un peu enchantée, un peu effrayée, quand même. Je ne veux pas être manipulée, je ne veux pas qu'il joue avec moi. Il a des copines, certes. D'ailleurs, quelques semaines plus tard, je vais le voir à Saint-Tropez. Je fais connaissances des copines, deux filles très amicales, avec lesquelles je vais sympathiser. Il y a de la place pour tout le monde, moi y compris.

En quinze ans de vie commune, Alain et moi, nous n'aurons jamais de scènes dramatiques, il n'y aura pas de vaisselle cassée, pas d'éclats. Tout – bons et mauvais moments – se passera toujours dans un grand respect l'un de l'autre. Quand nous nous séparerons, c'est une chose qui se fera en douceur.

Avec Alain. *Jeff*, de Jean Herman, 1969.

J'essaie de tout comprendre. Liaisons momentanées, passages d'une nuit, je ne dis rien. Je pars du principe que nous vivons ensemble, et que toutes les filles qui apparaissent et disparaissent, c'est fugitif. J'ai énormément travaillé sur la jalousie. Je suis partie d'une question : qu'est-ce qui compte dans un couple ? La fidélité ou le respect ? C'est le respect que je choisis, dès le début. Et celui-ci est réciproque. Quand je suis là, Alain ne découche pas. Quand je suis à la campagne, c'est autre chose. Je sais que lorsque je rentrerai, il sera heureux de me voir, même s'il a eu une aventure d'une ou deux nuits.

Notre vie commune est tellement intéressante, tellement passionnée. Quand il monte une marque de parfums, c'est moi qui m'en occupe. Quand nous choisissons une maison, c'est moi qui la bâtis, ou qui la transforme. Quand il crée une marque de meubles, c'est moi qui prends les choses en main. Il y a eu les cigarettes Alain Delon, puis l'aventure de la boxe avec Carlos Monzon… Pourquoi mettre tout cela en péril ? Et, de mon côté, je n'ai pas les mêmes envies, les mêmes désirs. Il est dans ma vie, et il la remplit entièrement. C'est une aventure, une expérience. Je me consacre entièrement à Alain Delon. Ma carrière doit-elle en souffrir ? Peu importe. Je tourne moins. Je suis fatiguée d'être devant un miroir. J'en ai marre de mon image. Je suis lasse de moi.

Mon métier, à ce moment-là, ne me comble plus. Je ressens le vide de cette pression permanente. L'amour, voilà ce qui est essentiel. Pendant ces quinze ans, nous aurons des relations très profondes, nous serons très proches. Pas de mensonges entre nous, pas d'histoires, pas de tricheries. Notre histoire d'amour est de cristal. Jamais les autres ne nous mettront en danger.

Vivons-nous une petite affaire, une liaison passagère ? Je n'en ai pas l'impression. Cet amour que j'attendais avec mes 30 ans, le voici donc ? Je n'ose y croire. À chaque instant, quelque chose risque de nous faire dérailler. Mais la vie, la vie forte, la vie puissante, va nous mettre à l'épreuve et nous souder.

14 octobre 1968, première du film *Phèdre*, de Pierre Jourdan, à l'Opéra de Paris.

Avec Alain, toujours, *Jeff*.

Le 1er octobre 1968, alors que les derniers feux de Mai se sont éteints, on découvre un cadavre. Il s'agit de Stevan Markovic, l'ancien garde du corps d'Alain pendant trois ans. Très vite, les soupçons se dirigent vers un dénommé Marcantoni, qui est un Corse avec des fréquentations douteuses. Plus les enquêteurs grattent, plus l'affaire se complique. Tous les jours, des révélations ou supposées telles, impliquent des personnages haut placés. Un simple fait divers est en train de se transformer en affaire d'État. Alain me dit : « Ne lis pas les journaux, ne regarde pas la télé. » C'est ce que je fais.

Un jour, alors que nous roulons, pour rentrer à Paris, Alain s'arrête plusieurs fois en chemin, pour téléphoner. Il a l'air inquiet. La suite confirme qu'il a raison de s'inquiéter Il est beau, il est insolent, il est célèbre.

Au lendemain soir, il me demande de l'accompagner à l'Opéra. Je sais qu'il y tient, c'est l'épreuve du feu. Nous avons affaire à la police tous les jours. C'est usant. Cette sortie doit être sa façon de montrer à tous qu'il ne se sent pas diminué ou écrasé. Il y a du défi là-dedans.

Je choisis un ensemble de velours noir de chez Saint Laurent. Alain, lui, est en smoking. Il porte la tête haute. Nous arrivons le plus tard possible à l'Opéra. Nous entrons dans la salle. Tout d'un coup, le silence se fait. Les têtes se tournent vers nous. Nous nous asseyons au parterre, on n'entend pas une mouche. Je suis impressionnée. J'ai froid. Je lui tiens la main, fort.

À l'entracte, quand le rideau tombe, nous sortons. La foule est là, qui jacasse. En nous apercevant, les gens, de nouveau, se taisent. Le silence se fait, en vagues successives. Pas un signe de tête, pas une main tendue. Nous sommes devenus des inconnus. Le parfum de scandale nous précède. Alain, digne, parvient au bar. Je le sens tendu, nous nous tenons la main, nous ne nous lâchons pas. Nous buvons une coupe de champagne. Des amis se détournent. Le jugement des proches est plus dur que celui de la justice. Difficile d'être invisible, quand on est Alain Delon.

Cette soirée-là va être unique dans ma vie. Elle va me souder à lui, à jamais. Nous avons affronté le feu, et seuls deux hommes sont venus nous embrasser. Jean Cau et Pierre Bergé.

Je fais des allers et retours entre mon appartement et celui d'Alain. Les policiers, eux, ne nous lâchent pas. Ils sont assis dans l'entrée, chez Alain, et vivent avec nous. D'un seul coup, nous avons pris la mesure l'un de l'autre, Alain et moi. Pour l'instant, nous vivons au jour le jour, nous préparons notre film, *Jeff*, que nous tournons à Bruges. Je suis sensible à cette ville noire, à ces nuages bas, à cette mélancolie qui sourd de la terre de Flandre. D'un côté, il y a ce mauvais polar qui nous attend en France. De l'autre, ce polar fictif où il est question d'une trahison, en Belgique. Nous sommes un peu ballottés par le destin.

Encore *Jeff.*

Et toujours à l'Opéra...

Certains soirs, à Bruges, je regarde le clocher en dentelle de l'église Notre-Dame. Des étoiles clignotent, et je sais que l'amour est là. Quoi de plus simple que l'amour ? Et je demande à Dieu de nous protéger.

Mr Alain DELON
Mlle Mireille DARC

Heureuse

Les succès cinématographiques s'enchaînent : les comédies à succès signés Yves Robert – tel *Le Grand Blond avec une chaussure noire*, avec la fameuse robe noire de son ami Guy Laroche ; ou *Le Retour du grand blond*, ou celle d'Édouard Molinaro, *Le Téléphone rose* lui permettent de confirmer son statut de sex-symbol et d'actrice-phare des années soixante-dix.

Une année avec Alain s'est écoulée. Nous vivons ensemble. Le jour où les policiers me convoquent, je suis stupéfaite. Ils me traitent, quai des Orfèvres, comme si j'étais une coupable en puissance. Enlevez votre ceinture, vos lacets, vos bijoux, votre montre, laissez votre sac à main, vous allez être interrogée. C'est de l'intimidation ? Peut-être. Je suis intimidée. Très. Dans le bureau, ils commencent à me poser de nombreuses questions, auxquelles je ne peux répondre. Je ne suis au courant de rien.

Sur le tournage de *L'Homme pressé* d'Édouard Molinaro à Venise.

L'inspecteur ouvre un dossier et sort une photo, je suis abasourdie. Le cliché est celui d'une jeune femme – ils disent que c'est moi – en train de faire une fellation à un inconnu. La coiffure, qui ressemble à la mienne, dissimule en partie le visage de la femme. Je sais que ce n'est pas moi, mais… Ce qui me trouble, ce sont les mains, sur le ventre de l'homme. Elles sont si semblables aux miennes… Comme des mains d'enfant. Je suis effondrée. C'est une photo en gros plan. « Vous travaillez parfois pour Madame Claude, on le sait », me disent les policiers. Si je ne dis pas ce que je sais de l'affaire Markovic, ils vont montrer cette photo à Alain.

Ma réponse : je m'en fous.

Dans les heures qui suivent mon interrogatoire, les policiers procèdent à une perquisition de l'appartement, en ma présence. Ils ne trouvent rien.

Le lendemain, un policier vient à la maison et nous explique que Madame Claude emploie des sosies. Il précise que certaines patronnes de réseau obligent leurs filles à prendre l'apparence des stars. Je sais que, sur la photo, ce n'est pas moi. Mais quand même, c'est très déstabilisant. De plus, que veulent-ils, ces policiers ? Casser ma vie ? M'éloigner d'Alain ? Rien à faire. Plus c'est dur, plus nous sommes proches.

Il suffit que je regarde Alain pour savoir s'il va bien ou pas, s'il est solaire ou pas. Cette perception vient certainement de notre enfance : nous avons quelque chose d'enfantin entre nous. Nous avons des relations très profondes, essentielles. Alain, face au flic, me dit : « Laisse courir, Mimi, c'est des âneries tout ça. »

Nous louons un appartement à Aix-en-Provence, en rez-de-chaussée, avec un jardin. Au premier étage de cette maison du XVe siècle, habite Georges Baume, l'agent artistique d'Alain. Certaines nuits, je regarde le visage d'Alain, si beau, et je pleure de bonheur. Je suis émue par sa beauté. Ces cils, cette peau… cette perfection.

Notre complicité est là, et s'intensifie. Je m'occupe de l'appartement et de son aménagement, et j'y prends un plaisir immense. C'est un peu notre enfant, cet appartement, l'enfant que nous ne pourrons jamais avoir. Car – les médecins sont formels – l'état de mon cœur interdit toute grossesse. Or, pour Alain, c'est important : il a envie d'avoir des enfants. Mais pour l'instant, nous laissons cette question.

Tandis qu'Alain joue dans *Borsalino*, avec Jean-Paul Belmondo, moi, je meuble, je tire des plans, je décore, je m'amuse. J'ai carte blanche. Je prends soin d'Anthony, aussi. Ce gamin adorable me touche, et me plaît. Un jour, je passe sur le plateau, à Marseille, et qui est là ? Mémé Guérini, affable et précédé d'une réputation de « parrain » du milieu.

Côté carrière, aussi, je continue. Mais avec moins de conviction. Ma vie, c'est avec Alain. Le cinéma, pour l'instant, m'intéresse moins. Mais je ne peux refuser la proposition de Michel Audiard qui, passé derrière la caméra, me demande de tenir le rôle de Francine, une animatrice de télé, dans *Elle boit pas, elle fume pas, elle drague mais… elle cause !*

La suite, c'est *Laisse aller, c'est une valse,* de Georges Lautner. Je retrouve avec beaucoup de bonheur Jean Yanne et Michel Constantin. Le scénario est de Bertrand Blier, le fils de Bernard, qui s'est amusé à écrire cette histoire d'un type qui sort de prison, persuadé que sa femme (moi) l'a balancé. Nous tournons dans une ferme en pleine Beauce, il fait un froid de gueux. Nous serrons les dents. Et la récompense arrive : Lautner, qui ne sait pas comment terminer son film, nous embarque tous pour la Martinique, histoire de finir sous les palmiers. Nous passons un moment très agréable. Six mois plus tard, c'est le succès.

Notre vie commune, avec Alain, est un rêve. L'appartement d'Aix est superbe, et, peu à peu, l'affaire Markovic s'estompe. Je sens qu'Alain a été très marqué par son passage en Indochine. Il a vu de près la mort violente, il a vécu dans sa chair la souffrance, les destins lacérés, les vies détruites par la guerre. Et, au fond de lui, il y a

un enfant traumatisé par la séparation de ses parents, un petit garçon profondément nostalgique de l'époque bénie « d'avant ». Alain a des heures : plus la journée passe et plus la vie devient facile. Le soir, il est détendu, il écoute de la musique, il lit des textes à haute voix, il est accessible. Le matin, il a du mal à accepter la vie.

Sur le tournage de *Gonflés à bloc*, de Ken Annakin et Sam Itzkovitch, 1969. Avec, notamment, Tony Curtis, juste derrière moi !

Tout, entre nous, est basé sur la vérité. Je ne lui mens jamais. Moi, je suis toujours à la recherche de choses simples. Lui, il est en état de souffrance profonde. Je lui écris des mots : « La fée qui est venue sur ton berceau et qui t'a donné toutes les qualités, elle a oublié de te donner le goût du bonheur. »

Je ne le ferai jamais souffrir. Je ne susciterai jamais sa jalousie ou sa colère. Pendant les quinze ans de notre vie commune, il n'y a eu personne d'autre, pour moi. Dans ma tête, il n'y a personne d'autre dans sa vie à lui non plus.

Même quand nous sommes séparés – lui parce qu'il est sur le plateau de *Soleil rouge*, en Espagne ; moi, parce que je me retrouve en Italie, dans *Fantasia chez les ploucs*, – donc,

Tout, entre nous, est basé sur la vérité. Je ne lui mens jamais. Moi, je suis toujours à la recherche de choses simples. Lui, il est en état de souffrance profonde. Je lui écris des mots : « La fée qui est venue sur ton berceau et qui t'a donné toutes les qualités, elle a oublié de te donner le goût du bonheur. »

Je ne le ferai jamais souffrir. Je ne susciterai jamais sa jalousie ou sa colère. Pendant les quinze ans de notre vie commune, il n'y a eu personne d'autre, pour moi. Dans ma tête, il n'y a personne d'autre dans sa vie à lui non plus.

CHAMBRES
A LOUER
au Mois
a la Semaine
a la journée
CHAMBRES
A LOUER
au Mois
a la Semaine
a la journée

même quand nous sommes séparés, nous ne le sommes pas. Nous nous parlons au téléphone. Il me dit : « Mon amour. » Je lui dis : « Mon amour. »

Quand nous recevons, c'est amusant. Les femmes regardent Alain avec un air de concupiscence. Je crois que pas une seule de mes amies n'a été insensible à son charme. Toutes l'ont désiré. Mais il est là, près de moi.

La première de *Borsalino* de Jacques Deray, au bras d'Alain, le 19 mars 1970.

Un jour, nous déjeunons avec Luchino Visconti. Alain a fait *Rocco et ses frères* et *Le Guépard* avec lui. Je regarde le cinéaste, beau comme un dieu, entouré de ragazzi. Il est venu avec Helmut Berger. Visconti pourrait être le père d'Alain. Magnétique, cultivé, passionnant. Je suis là, et pourtant il ne me voit pas du tout. Je suis absente de son champ de vision.

Alain Delon est célèbre, et toute sa vie en est à la fois magnifiée et polluée. J'observe les ravages de la célébrité : la vie privée est pratiquement impossible, la vie intime souvent dévastée. C'est comme un virus que l'on aime et qui en même temps vous dévore.

Je suis entièrement dans mon histoire, avec Alain. Nous achetons des œuvres d'art ensemble, nous recevons ensemble, je profite de l'appartement d'Aix-en-Provence, et la vie s'écoule, heureuse.

Au cinéma, là où Alain aligne les noms les plus prestigieux du 7e art, de Visconti à Joseph Losey, moi, je tourne toujours avec les mêmes. Je me demande pourquoi. Et Alain me donne le secret: il faut se différencier des autres. D'une part, avec lui, je me cultive, je fréquente les musées, et je lis tout et plus encore. Voilà pour la vie privée. Pour la vie professionnelle, j'observe son travail et j'écoute ses conseils. J'apprends à connaître la différence entre le comédien et l'acteur, entre la nature, la vérité et le jeu.

Sur le tournage de *Madly*.

Quand Georges Lautner me demande de jouer dans *Il était une fois un flic*, avec Michel Constantin, je suis contente. Nous allons tourner sur la Côte d'Azur cette histoire d'un petit garçon pris entre une fausse famille de flics et une vraie histoire de truands. Le plus drôle, c'est que Michel Constantin est affligé d'une particularité un peu bizarre: comme au Club Med, dont il est l'un des fans, Michel a besoin de régler les activités des gens, de prévoir des tournois de boule, d'organiser des parties de cartes, de faire des programmes de loisirs encadrés. Un vrai GO. Avec lui, on est tout le temps dans une colo de vacances. Le matin, à huit heures, il m'aborde:

– Mireille, tu vas manger quoi à midi?

– J'en sais rien, je m'en fous.

– Non, non, faut que tu te décides.

Après ça, duel de devinettes. Fatigant. Il continue quand même, il ne lâche pas. On le suit, mais il charrie un peu, quand même. Se taper des mots croisés avant le

Georges Lautner, moi, Michel Audiard et Vahé Katcha.

café, c'est au-dessus de mes forces. Faire des courses en sac, c'est non. Moi, les jeux de société, ce n'est pas ma tasse de thé. Un jour, il achète un puzzle. Mais pas n'importe quel puzzle. La mère de tous les puzzles ! Deux mètres carrés ! Chacun, en passant, doit y mettre sa pièce manquante. Agacée, je vais prendre une paire de ciseaux et je découpe son puzzle. Il en a pleuré. « Qui a pu faire ça ? », demandait-il. J'ai avoué. Il a pardonné. L'un des plaisirs du film a été de rencontrer Michel Lonsdale. Nous sommes restés en contact, et, tous les ans, nous allons passer une journée à méditer au Festival du Silence, sur les îles de Lérins, chez les moines. Les frères nous préparent un déjeuner à tomber par terre, avec leurs produits naturels… et nous prions ensemble avec la communauté des frères présents.

Me voilà, de nouveau, en espionne. Décidément, quand je ne suis pas soubrette ou allumeuse… C'est Yves Robert, cette fois-ci, qui m'a contactée. Là, le scénario est formidable. Il s'agit d'un type quelconque – en l'occurrence Pierre Richard – qui doit passer pour un espion redoutable. De là découlent mille situations plus cocasses les unes que les autres, où Pierre Richard se déchaîne dans son personnage de pierrot lunaire et brouillon. Dès le début du tournage, je sens que tout va bien se passer, j'ai développé un flair pour ça. La preuve : tout le monde est joyeux, et surtout Jean Carmet, qui fait une blague restée dans les annales. Alors qu'Yves Robert lance à ses

Alain et moi avec Jean-Pierre Melville.

Il était une fois un flic, de Georges Lautner, 1971. Avec Michael Lonsdale et Michel Constantin.

Avec Georges.

comédiens l'ordre habituel : « Partez ! », Jean se précipite dans un taxi et rentre chez lui. Il est bien parti, comme on le lui a demandé. Dès lors, chaque jour, Yves Robert donne un top départ différent. Il dit aux comédiens : « Jouez ! »

Pour l'une des scènes importantes, je dois porter une robe sexy. La production demande à Guy Laroche de créer une robe pour moi. Au 29, avenue Montaigne, où se situe sa maison de couture, il commence par me draper dans du tissu noir. Magnifique, certes, mais qu'en faire ? Il nous faut, pour le film, quelque chose de spectaculaire. Guy Laroche, à qui j'explique que mon personnage est une allumeuse, a une idée :

Avec Alain, en 1975.

Le Retour du grand blond avec une chaussette noire, d'Yves Robert, 1972.

– Si on ne montre pas le devant, montrons le derrière.

– On échange pile contre face ?

– Le contraire, plutôt.

Il me dénude le dos. Plus bas. Plus bas. Plus bas encore. À un moment, il arrive à la ligne de flottaison entre le bas du dos et le haut des fesses. Il gagne encore un centimètre. C'est très joli. Encore un centimètre. Super. Stop. On y va.

Quand je reviens, la robe est prête. Elle est sublime. Je l'enfile, et c'est ainsi que j'entre sur le plateau d'Yves Robert. Plus j'avance, plus le silence se fait derrière moi car devant, la robe ne dévoile rien. Je suis gênée. Être nue, dans une scène, OK. Il y a quelque chose de pur, dans la nudité. Là, cette robe est faite pour susciter le désir, pour allumer, et c'est embarrassant. Mais c'est bien le but recherché. Je me dis : j'ai réussi.

Quand je reviens, la robe est prête. Elle est sublime. Je l'enfile, et c'est ainsi que j'entre sur le plateau d'Yves Robert. Plus j'avance, plus le silence se fait derrière moi car devant, la robe ne dévoile rien. Je suis gênée. Être nue, dans une scène, OK. Il y a quelque chose de pur, dans la nudité. Là, cette robe est faite pour susciter le désir, pour allumer, et c'est embarrassant. Mais c'est bien le but recherché. Je me dis : j'ai réussi.

Mais, en même temps, je ne suis pas certaine que ça va passer.

Yves Robert me regarde de devant, apprécie cette robe, puis me dit :

– Tourne-toi.

Je pivote. Il ne dit rien. Silence. C'est sans doute trop osé. Je m'apprête à me changer. Je vais sortir du plateau. Je dis :

– Ça va pas. Ne te fais pas de souci, j'ai une autre robe en réserve.

Il me laisse repartir. Et quand j'arrive à la porte du studio, j'entends :

– Attends ! On va la garder.

Petite précision : la robe a fait le tour du monde, a été copiée partout. À New York, elle est restée au-dessus d'un cinéma, sur un plateau tournant, pendant un an ! Vanessa Paradis s'en est inspirée « en mon honneur ». Une élection de Miss France a eu lieu avec des filles uniquement vêtues de cette même robe…

Tout est dans la suggestion. Personne n'avait mis les fesses, ainsi, à l'honneur.

Aujourd'hui, la robe est au musée du costume au Louvre.

*

* *

L'ambiance du *Grand Blond* est différente de ce que je connais : les acteurs sont des baladins. Ils sont issus du music-hall, ou du théâtre populaire, et l'esprit d'Yves Robert est celui d'un gosse facétieux. Si bien que lorsque je regagne la famille Lautner, j'ai l'impression de revenir de voyage. Le film : *La Valise*. L'action se passe au Moyen-Orient, avec des barbouzes israéliens et des Arabes menaçants. Bref, de la bande dessinée… Sauf que, juste au moment où on tourne, la guerre du Kippour éclate. Du coup, notre petite comédie prend une autre allure. Pas facile de faire rire quand les bombes pleuvent… Mais on y arrive quand même, grâce à un panneau placé avant le générique, avertissant le spectateur que tout cela n'est que de la farce et qu'il n'est pas question de prendre cette valise au sérieux. Par chance, nous tournons à Almeria, en Espagne, et non dans le désert du Négev ou dans le Sinaï. Il y a des scènes drôles : une évasion en haute mer, moi qui m'enfuis dans un dinghy, des explosions dans tous les sens, et, surtout, il y a Jean-Pierre Marielle et Michel Galabru, nouvelles recrues de la bande à Lautner ! Ils sont au sommet, et tourner avec eux est un enchantement. Sans oublier Amidou… Moi, je suis une sorte de beatnik. Mais je n'ai pas envie de jouer une beatnik… Cette fille doit être sexy, me dis-je. Je l'explique à Francis Veber, qui ne bouge pas, qui tient à sa beatnik. Ma réaction est à la mesure de son refus. Je

À gauche, avec Pierre Richerd, *Le Retour du grand blond*, 1974.
Ci-dessus : la petite robe noire de Guy Laroche.

m'habille très, très chic. Talons hauts, robe beige, personnage décalé. Beatnik, OK, mais bien habillée.

Le costume change tout : la manière de marcher, de se retourner, de se comporter. L'un des secrets du métier, c'est cette façon d'entrer dans la peau d'un personnage *via* sa garde-robe. J'ai besoin, en fermant les yeux, de voir cette femme. En m'habillant ainsi, je lui donne de l'épaisseur, et je l'arrache au cliché. Les hommes l'approchent différemment.

Une autre chose que je souligne, dans le métier de comédien : les rôles dramatiques ne sont pas les plus difficiles à faire. Le comique, c'est une question de nuance, de rythme, de finesse. La mécanique est très précise. Le comédien est sur une lame de couteau : rien ne doit tomber à côté, il faut être juste constamment. Dans la tragédie, les larmes et le désespoir, facile. La gravité est aisée. Pas le rire. J'ajoute que la direction d'acteur, dans l'humour, doit être faite avec doigté. Un metteur en scène qui travaille avec des gros sabots peut mettre tout le film à plat. J'aime bien qu'on me dirige. Il y a des acteurs qui préfèrent être lâchés mais, pour mon compte, j'ai besoin de sentir un

La Valise, Avec Amidou, Jean-Pierre Marielle et Michel Constantin.

capitaine à la barre. Ainsi, plus tard, quand je ferai des séries à la télévision, comme *Les Cœurs brûlés* ou *Terre indigo*, je serai sous la direction de Jean Sagols, metteur en scène très directif. Et j'ai adoré.

En ce qui concerne *La Valise*, comme le dit élégamment Francis Veber, « la guerre du Kippour n'a pas duré longtemps ; le film non plus ».

La Valise, Avec Amidou, Jean-Pierre Marielle et Michel Constantin.

Alain, de son côté, n'arrête pas de tourner. En 1973, il enchaîne quatre films. De plus, vu le succès de *Borsalino*, il prépare la suite, *Borsalino & Co*, un tournage qui s'annonce compliqué. Comment arrive-t-il à jongler avec cet emploi du temps de fou, je ne sais pas. Nous nous retrouvons dans son appartement quai Kennedy ou à Aix, et, à chaque fois, c'est le bonheur. Nous sommes ensemble, et il n'est pas question que quelqu'un mette en péril notre lien, ou, surtout, me manque de respect. Quand un plaisantin se permet de me glisser un doigt désagréable au bas du dos – je porte la robe du *Grand Blond* lors d'une soirée au Lido, il stoppe tout. Et cherche le coupable. Du coup, toute la soirée est gâchée, certes. Mais, au moins, plus personne ne se permettra ce genre de privautés. Là-dessus, en rentrant, il me dit : « On va acheter une propriété. » Je crois que c'est une plaisanterie mais, deux mois plus tard, la voici, la propriété, à Douchy, dans le Loiret. L'endroit a été utilisé pour une colonie de vacances, et l'ancien château, démoli, a fait place à un étang de trois hectares. Nous nous installons dans les dépendances.

De nouveau, je m'occupe de l'aménagement. Je conçois un endroit simple : une grande pièce de séjour en bas, les chambres en haut. Alain adore cet endroit. Devant la cheminée, je lis un nouveau scénario qu'on vient de me faire parvenir : celui de *Il n'y a pas de fumée sans feu* d'André Cayatte. L'ambiance du tournage, sur le plateau de Cayatte, est nettement organisée. Cayatte est un homme qui n'a pas besoin d'échanges ou d'émotion. Il ne me donne pas son numéro de téléphone, et il n'a pas le mien. Mais il m'apprécie.

Rendez-vous avec Alain pour ses 41 ans.

C'est avec plaisir que je retrouve ensuite l'équipe Lautner avec *OK Patron*, premier film de Claude Vital, et j'ai autant de joie à revoir Renée Saint-Cyr, la mère de Georges, qui, à 70 ans, est toujours aussi vaillante. Et je fais la connaissance de Jacques Dutronc, qui a le rôle principal. Étrange mélange d'ironie et de timidité...

Enfin, voici un film dramatique de qualité qui arrive sur ma table : *Les Seins de glace*. Alain Delon, qui est le producteur, m'offre ce film. Le personnage principal, une jeune femme mystérieuse qui hante la Côte d'Azur, tombe sur un écrivain en panne d'inspiration, qui s'est installé à l'hôtel, à Nice. Mais qui est cette femme, qui se fait nommer Peggy ?

Alain propose que Georges Lautner soit le réalisateur. Celui-ci se met au travail en quatrième vitesse, car la date de tournage approche. Il remanie le scénario. Trois

semaines plus tard, en plein hiver, top départ. Le rôle principal est tenu par Claude Brasseur – c'est la première fois qu'il est aussi présent dans un film. Alain se contente d'un personnage secondaire, ce que je prends pour une preuve d'élégance – et d'amour. Le bonus, c'est que sa seule présence augmente le budget du film. Pour une fois, Georges Lautner dispose de tout ce qu'il veut. Et ce qu'il veut, c'est le Negresco à Nice. Et pour les scènes de soirées, même chose : Delon souhaite que toutes les femmes présentes soient très élégantes.

Alain soufflant les bougies de son gâteau d'anniversaire, entouré de Nathalie et leur fils Anthony, Véronique de Villele, notre secrétaire, Dani et ses fils Julien et Emmanuel Auger, et moi.

À sa sortie, *Les Seins de glace* est très bien accueilli. L'intrigue machiavélique plaît à la critique, et un journaliste note que c'est la première fois qu'on me voit pleurer. Et moi, je suis heureuse d'être sortie de ma catégorie. Alain m'a fait un joli présent… Je fais une petite apparition dans *Borsalino & Co*, en prostituée dans la rue. Même rôle que dans le premier film, même trottoir…

Notre vie à Douchy est celle d'un roman de la période romantique. Jamais je n'aurais imaginé qu'on pouvait connaître un si doux bonheur. Entre deux films, nous nous retrouvons dans cette demeure, avec la cheminée qui flambe et les chiens qui dorment près du feu. C'est dans ces moments-là que je vois Delon tel qu'il est. A-t-il trouvé une sorte de paix, avec moi ? J'aime à le penser. Nous nous promenons, nous observons

Avec Pierre Mondy,
Le Téléphone rose.

la campagne, les arbres, les chemins creux. Les fêtes passent dans une gaieté partagée avec Anthony et ses cousins, pendant les vacances, il arrive qu'il y ait une dizaine d'enfants dont je m'occupe, les étés se fondent dans des automnes colorés, et parfois, quand il fait encore chaud, j'ouvre la fenêtre pour regarder les étoiles, et les remercier. Laquelle a favorisé ma vie ? Car j'en ai une, c'est certain. Elle n'est peut-être pas la plus grosse ni la plus brillante, mais elle là est pour moi.

Les départs d'Alain sont toujours un déchirement. Quand il s'en va à Hollywood, c'est pour quelques semaines. Avec Anthony, nous le rejoignons, pour de trop brefs instants. Et là, je ne regrette pas d'avoir fait demi-tour, naguère, bien que j'apprécie le mode de vie américain. Je ne parle toujours pas une virgule d'anglais.

De retour en France, je tourne deux films sympathiques : *Dis-moi que tu m'aimes*, de Michel Boisrond, et *Le Retour du Grand Blond*, d'Yves Robert.

Je reçois un script intéressant. Il s'intitule *Le Téléphone rose*. C'est un scénario de Francis Veber, qui va être mis en scène par Édouard Molinaro, réalisateur pour lequel j'ai déjà travaillé sur *La Chasse à l'homme*. L'histoire est celle d'une négociation industrielle. Les négociateurs décident d'employer une prostituée pour adoucir la rugosité d'un client difficile. Mais voilà : le gars tombe amoureux de la petite pute, si charmante… J'aime beaucoup Édouard Molinaro, homme fin qui cherche la vérité, quand il travaille avec ses acteurs. Il va droit au but, avec gentillesse. Il n'humilie jamais.

Tourné à Paris, *Le Téléphone rose* est un joli film. L'image est, en général belle, et, malgré le sujet, Molinaro et Veber ont réussi un récit qui a de la classe, qui n'est jamais vulgaire ou tape-à-l'œil. J'ai aimé le tourner, j'ai aimé le résultat, et j'ajoute que, même si je joue le rôle d'une prostituée une fois de plus, je suis ravie. Il faut bien le dire : les rôles de prostituées sont des rôles en or ! Sauf que cette fois-ci, c'est une call-girl sympathique et haut de gamme.

Au fond, en me retournant sur ma carrière d'actrice, je ne suis pas mécontente. Des films comme *Le Téléphone Rose* sont des moments de grâce. J'aurais sans doute pu faire une autre carrière, être une tragédienne, mais j'aime bien celle que j'ai faite. Il y a eu des moments où j'ai fortement désiré changer de cap, certes. L'image qu'on a eue de moi – charmante, blonde, sexy, marrante – a néanmoins repris le dessus : le public m'a aimée ainsi.

Le bilan de ma vie est intéressant : tous les jours, j'ai été heureuse. De mon métier. De mes compagnons. De la vie. Les moments de malheur ont été brefs. Intenses, certes, mais brefs. Je suis une optimiste.

Et puis, à ce moment-là, il y a Alain. Quand je me jette dans ses bras et que je me blottis contre lui, c'est le paradis. Nous ne pourrons

Les Ringards, de Robert Pouret, 1978, avec ses trublions !

L'Homme pressé, d'Édouard Molinaro, 1977.

jamais avoir d'enfant ensemble, nous créons notre propre univers. Jamais Alain ne me parle de son travail : je vis avec un homme, pas avec un acteur.

Nous tournons *L'Homme pressé*, d'après Paul Morand. Nous enchaînons avec *Mort d'un pourri*, un polar assez brutal, produit par Alain, mis en scène par Lautner et écrit par Michel Audiard.

Sur le tournage
de *L'Homme pressé*.

Au même moment, Michel Audiard, lui, est touché au cœur : son fils aîné, François, vient de se tuer dans un accident d'auto. Il parlera de cette nuit de l'âme, de ce deuil terrible, dans son magnifique roman, *La Nuit, le Jour et toutes les autres nuits*.

Mort d'un pourri sera l'un des gros succès de l'année 1977.

Le Théâtre

Quand j'y pense, j'ai si peur au théâtre ! C'est maladif, et j'en ai toujours eu une peur noire. Quand je joue dans une pièce, ma vie s'arrête : je ne peux plus aller déjeuner avec des amis, je n'arrive plus à être moi. Car j'ai besoin de rester dans le personnage. C'est beaucoup plus éprouvant que le cinéma, qui, lui, *a contrario*, m'a toujours rendu très joyeuse ; je m'y suis tant amusé ! Au cinéma, il y a les caméras qui se déplacent en même temps que vous, toute une équipe qui vous épaule, c'est collégial. Au théâtre, on est seul sur scène, juste avec son partenaire. C'est très dur. Quand votre partenaire est génial, c'est un enchantement, mais quand il est difficile, c'est beaucoup plus délicat !

Concernant la pièce de théâtre *Sur la route de Madison* avec Alain, le texte était si beau… Ce sont des personnages qui se disent des mots qui dépassent l'éternité. Et les dire à Alain, ou les entendre d'Alain, c'était quelque chose de très fort. C'était des mots que je lui avais déjà dits, qu'il m'avait dit aussi. Et, tous les soirs, de s'entendre se dire ces mots, on en avait la chair de poule lui et moi. Tous les soirs, c'était l'osmose. Parce que c'était Alain. Me retrouver nue dans ses bras sur une scène de théâtre, même si c'est quelques instants, je ne l'aurais pas fait avec beaucoup d'autres comédiens. Mais dans ses bras, je ne me sens ni ridicule, ni exhibitionniste, ni hors de propos… parce qu'on partage quelque chose qui est au-delà de ce qu'on voit ou de ce qui peut être dit.

Une deuxième vie

Ce sont des « années catastrophes » : après son opération à cœur ouvert, et son accident de voiture la laissant proche de la mort, Mireille Darc se sépare d'Alain Delon après quinze ans de vie commune. Elle se consacrera au théâtre, à la photographie, au rally et à la réalisation, avec *La Barbare*, en 1989. À la fin des années quatre-vingt, elle deviendra la star des premières grandes « sagas de l'été » de la télévision française.

L'horizon bascule, la terre n'est plus à sa place, je parle à l'envers, je vais mourir. Ma respiration s'accélère, mes yeux se brouillent, le feu dans la cheminée tangue et se transforme en tache claire, puis en trou obscur. Un malaise terrible descend sur moi, c'est comme si une main invisible avait froissé toute la réalité autour, Douchy, le visage d'Alain, le chien qui dort. Je me sens partir. Or, je ne veux pas. Pourquoi quitterais-je ce bonheur serein, cette vie que personne ne m'a promise, mais que le destin a aimablement placée sur mon chemin ? Le temps de balbutier quelques mots qui se noient déjà dans un marécage gris, et Alain a fait venir un médecin. Diagnostic : embole cérébral. J'ai survécu.

Le mal est venu de loin. De mon enfance, précisément. Car toutes les angines, les grippes, les fièvres que j'ai eues, et qui n'ont pas été soignées, ont laissé des traces. Mon cœur est affecté, et mon arythmie a permis la formation d'un petit caillot qui est remonté au cerveau. J'ai quarante et un ans. N'est-ce pas le plus bel âge de la vie, pour une femme ? Je devrais en profiter, et non être menacée de cette façon. Bien sûr, je savais que quelque chose ne collait pas. Mais, comme tout le monde, j'ai préféré attendre, différer l'opération inévitable. Finalement, il faut s'y résoudre : je vais passer sur le billard. Je rencontre le professeur qu'on m'a recommandé, Christian Cabrol. Il est le fondateur du service de chirurgie cardiaque de la Pitié-Salpêtrière, à l'origine de la première transplantation cardiaque en 1968. C'est un magicien. Je consulte les astres, ce qui le fait sourire. Il accepte que je choisisse ma date. Je le vois quelques minutes. Il me dit : « Nous vous inquiétez pas, tout ira bien » et repart.

Je n'ai pas peur de mourir. Si je meurs, c'est un passage, je me retrouverai ailleurs. La vie est un miracle. Miracle de voir, d'avoir du goût dans la bouche, d'écouter un enfant rire, impossible de perdre tout ça. J'ai des sensations qui viennent de plus loin, donc la mort n'est qu'un état transitoire. Ma tête, ma perception vont demeurer, exister d'une autre manière. Je retrouverai les gens que j'ai aimés dans ma vie.

Je suis couchée sur le lit à roulettes, dans ma chambre. On m'emmène. Tandis que défilent les murs du couloir, je sens qu'Alain me tient par la main. Puis il me lâche, je me retrouve seule. Moment difficile. On me fait pénétrer dans la salle d'opération. Je suis aveuglée par les lumières, je vois des visages masqués qui passent. Je pense à ma mère : « Si tu savais combien je t'aime… »

J'aperçois les yeux de Cabrol, qui me demande :

– Ça va ?

Je lui réponds en essayant de faire de l'humour…

– Vous savez, je porte des décolletés. Pas moyen de faire en sorte que… ?

Je pars dans le sommeil.

J'entends une sorte de martèlement. J'ai un cœur qui fait du bruit. La valve de Starr qu'on m'a installée n'est pas silencieuse. J'ouvre les yeux. Je suis dans une chambre, je vois un visage masqué, je reconnais ses yeux, ce sont ceux d'Alain. J'ai envie de dormir. Le syndrome est connu : après une opération aussi lourde, on a un seul horizon : dormir, dormir, dormir. À la fois pour s'abandonner, et pour récupérer. Peu à peu, les médecins me débranchent. J'ai envie qu'Alain soit près de moi, nuit et jour. Mais ce n'est pas possible. Les heures passent, les nuits se suivent. C'est long, long. Mais c'est court, en réalité : douze jours. Douze jours pendant lesquels je surveille chaque bruit de mon cœur, chaque courbe sur les écrans, chaque ride sur le visage des médecins. Les forces me reviennent, les jours rallongent en ce mois de mars, et je sens le printemps qui arrive.

Tout est resté secret. La presse n'a pas été prévenue. Par souci de discrétion, je pars de nuit, dans l'obscurité. Alain me regarde, et c'est ma récompense. Dans quelques jours, mon opération deviendra publique. Je vais commencer à recevoir des tonnes de lettres, de tous horizons. Si mon opération a pu rendre confiance à des gens, tant mieux. Je suis positive : après tout, mon cœur appartient aussi aux autres.

La vie reprend. Alain est là, qui m'entoure. Je regarde ce visage, ces yeux, ces mains, et une immense vague de tendresse m'envahit. Nous partons à Antibes, au soleil, où nous avons loué une maison au bord de la mer, dans les pins. C'est ici que Scott Fitzgerald a écrit *Tendre est la nuit*. Nos trois chiens nous accompagnent, nous regardons la nature, et ma convalescence s'opère doucement, dans l'odeur de pin et de terre mouillée.

Pour remonter la pente, il est important de sentir le regard de l'autre. Les petits gestes, les sourires vous encouragent à faire un peu de rééducation, à sortir, à reprendre pied. La simple présence d'Alain m'aide énormément.

★

★ ★

Nous avons désormais une maison à Marrakech. C'est Jean Poniatowski qui nous l'a trouvée. Nous arrivons un soir à Marrakech pour passer Noël, et lorsque je vois la lumière de ce pays, je dis à Alain que je n'ai plus envie de repartir. Nous visitons alors cette maison où les Beatles ont écrit leur chanson *Blackbird* en 1968. La demeure surplombe la ville, elle est mythique et en même temps un peu laissée à l'abandon. Marrakech est pour moi une nouvelle enfance, avec ses odeurs, ses musiques, ses sensations… Un véritable paradis.

Marie-Hélène de Rothschild qui nous a invités me fait découvrir le luxe, et la façon de s'en servir. Je prends un plaisir immense à tenir des couverts en argent, des verres en cristal. Et à regarder le paysage incroyable qu'offre le Maroc. J'ai l'impression de redécouvrir la naissance du monde. Le soleil carbonise les montagnes, là-bas, caresse les arbres, et la douceur du soir envahit tout, y compris mon cœur. Nous nous promenons dans un monde que je ne connais pas, saturé de parfums d'oranges, de fleurs, d'épices. Quand nous entrons dans ce palais, je prends la restauration en main. J'ai restauré mon cœur, je suis bien capable de restaurer une médina !

Le soleil du matin, qui caresse la joue de mon homme, n'a jamais été aussi chaleureux. Alain, qui dort dans la lumière veloutée de l'aube, n'a jamais été aussi beau.

Cette demeure m'adopte.

J'y passe du temps, je surveille la renaissance des panneaux de bois, la retouche des peintures murales, la remise en état des terrasses. C'est un sauvetage extraordinaire : je m'y emploie à fond. Alain repart à Paris, pour ses affaires. Il prépare *Pour la peau d'un flic*. Alain Delon est producteur, réalisateur, scénariste et premier rôle. Je me glisse dans un petit rôle, celui de la Grande Sauterelle. Rien d'extraordinaire, mais juste un clin d'œil à notre passé…

Je remarque, sur le plateau, une belle fille, Anne Parillaud. C'est un petit animal, qui reste dans son coin, sans bruit. Elle est très jeune. Je tourne mon petit rôle, et je repars à Marrakech.

Il y a une fausse note. Petite, mais fausse quand même. C'est imperceptible : un regard ailleurs, un mot déplacé, une soirée avec des silences. Les hommes sont faibles,

devant la maladie ou la chirurgie, je le sais. Mais ce n'est pas le cas, pour Alain. Il est resté ferme devant la menace, m'a tenu la main, a été de tous les instants. C'est donc quelque chose qui vient d'ailleurs. Il n'a pas de contrôle là-dessus, il est démuni. C'est comme une banquise qui se détache : chacun dérive, lentement. Je ne lui en veux pas, c'est la vie. Je sais qu'Anne Parillaud est en train de vivre ce que j'ai vécu, il y a longtemps. Spontanément, elle a établi une relation avec moi. Elle m'a appelée pour me demander quel cadeau elle pouvait faire à Alain.

Je ne lui en veux pas. Si elle n'était pas passée, une autre aurait pris la place. Entre Alain et moi, désormais, les choses sont différentes.

Nous nous demandons ce qui arrive.

C'est le désamour.

Il vit à un bout de l'appartement, moi à l'autre. Entre les deux chambres à coucher, il y a la zone : celle où nous nous rencontrons, où nous échangeons les dernières nouvelles, où la vie commune reste commune. C'est le point de tangence, ce café du matin, ces bavardages le soir, puis on s'embrasse avant de dormir. Souvent, il vient dans ma chambre pour me souhaiter bonne nuit. En revanche, les chiens sont désorientés. Ils ne savent plus avec qui dormir.

Alain, de son côté, va enfin jouer ce personnage qui, depuis des années, lui est destiné : celui de Charlus, dans *Un amour de Swann*. Il a 47 ans, quelque chose le tracasse, il a besoin de renouveler les batteries. Il cherche.

Moi, je tourne *Juste avant le mariage*, petite comédie sur une idée de Marcel Dassault. Il y est question d'un grave accident d'auto, autour duquel se croisent plusieurs personnages. Par chance, c'est Jean-Pierre Marielle qui a le rôle principal. Je l'écoute, il me fait rire, il me fait du bien. Nous tournons en Bretagne, et je n'ai qu'une envie, c'est de rentrer à Paris. Ma tête n'est pas en place. J'ai du mal à accepter qu'un jour, on puisse se séparer ainsi... Je serre les dents, je suis noyée par le chagrin, mais pourquoi faire supporter ça à Alain ? Ce n'est pas de sa faute s'il n'est plus amoureux de moi. Inutile de rendre les choses encore plus difficiles.

Un jour, je pose les clés sur la table du salon et je m'en vais.

Un pan de ma vie vient de s'achever. Ce que mon opération n'a pas brisé, la vie l'a cassé.

Je tourne, coup sur coup, deux autres films : *Si elle dit oui... Je ne dis pas non !* de Claude Vital et *Réveillon chez Bob* de Denys Granier-Deferre. Je sens que, côté cinéma, il va falloir faire autre chose. L'époque des soubrettes et des petites putes dans la rue est passée. À 44 ans, il faut se réinventer. Je songe à passer derrière la caméra.

Le destin, une fois de plus, intervient. Je rencontre Pierre Barret. Il est patron d'Europe 1, il a écrit des livres (*Si je t'oublie, Jérusalem*) et des chansons pour Michel Sardou

(*Un jour la liberté*). Quelque chose, chez lui, m'émeut. J'accepte de dîner avec lui. Je suis à Milan, je décide de me rendre en voiture à Genève d'où je rejoindrai Paris en avion. Les kilomètres défilent avec douceur, le chauffeur est au volant. J'ai les yeux fermés. Nous arrivons sous le tunnel d'Aoste. Nous roulons sur la voie de droite, quand une voiture, devant nous, freine. Un camion arrive. Notre voiture se déporte, et s'encastre sous le camion. Je perds connaissance, et je m'entends crier. Ce cri me réveille. Quelqu'un me sort de la voiture, c'est le chauffeur du poids lourd, alors qu'il n'aurait pas fallu me toucher. Il me sort du tunnel. Pendant qu'il marche, je l'entends dire :

– Je vous connais. J'ai fait de la figuration dans un de vos films.

Je fais des allers et retours entre la conscience et l'oubli. Je plonge, je reviens, je flotte, j'émerge. Je suis à l'hôpital. Je sens que je ne dois pas bouger, car j'ai mal. Je pense : « Je vais être en retard pour mon dîner. »

Je sais que je ne peux prendre certains médicaments, à cause de mon cœur. Il faut les prévenir, les médecins italiens. J'essaie. Je m'endors dans un océan de blanc. De nouveau, des visages avec des masques se penchent. De nouveau, les machines bipent. Je connais, je suis en terrain familier. La douleur est intense. Mais enfin, pourquoi tous ces gens s'agitent-ils ? Je suis fatiguée, qu'on me laisse dormir.

Alain arrive au milieu de la nuit. Je ne sais plus si nous sommes ensemble ou si nous sommes séparés. Ma mémoire oscille. Alain ne sait pas très bien quoi dire. Mais comme d'habitude, il va à l'essentiel :

– Tu vas mourir ?

– Non. Ce n'est pas encore le moment.

– Ok.

C'est ce que j'aime avec lui. Il est toujours direct.

Mon cœur a tenu bon, mais ma colonne vertébrale est brisée. François Mitterrand, président de la République, a fait prendre des nouvelles. Le professeur Cabrol se renseigne sur mon état cardiaque. Je suis couchée dans une coque de plâtre. Je ne peux pas bouger, sauf les doigts. Le lendemain matin, mes frères arrivent. On ne les laisse pas entrer. La presse est partout. Les paparazzi essaient de me flasher sur ma civière, dans la clinique. Les gazettes titrent sur mon accident, le journal télévisé s'ouvre dessus. Le bilan est lourd : j'ai la vertèbre L1 brisée, je suis bleue des pieds à la tête. Le seul médicament, c'est l'immobilité. Moi qui aime me promener avec les chiens, c'est raté, me dis-je.

J'ai très mal. Le simple fait de respirer est douloureux. J'essaie de rester en apnée, à chaque inspiration. J'ai mal au corps, j'ai mal au moral. J'ai l'impression que mon âme est en miettes. Dans ma coque, je ne peux rien faire d'autre que de lutter contre la houle de souffrance qui m'emporte, ce fer rouge qui me transperce. Je me raconte des histoires, je pense à des films que j'ai tournés. Des images se mêlent, la Suisse, la guerre, l'épicerie, le Conservatoire. Ma mère me manque… Un hélicoptère, piloté par

Marrakech

Nous sommes arrivés un soir à Marrakech pour passer un Noël avec Alain chez une amie, et lorsque j'ai vu la lumière de ce pays, ces paysages somptueux tout autour de la ville, j'ai dit à Alain que je n'avais plus envie de repartir. On a alors visité cette maison au milieu d'une médina qui était à vendre, où les Beattles avaient écrit une chanson en 1968, *Blackbird*, et où étaient passés les Rolling Stones aussi. Cette grande maison qui surplombe la ville était mythique et en même temps un peu laissée à l'abandon, elle m'a tout de suite plu. Avec toutes ses terrasses qui offrent une vue imprenable sur la ville, je passais des heures à regarder Marrakech vivre. C'est là que j'ai découvert le Maroc, sa civilisation, sa musique, sa nourriture... J'ai vécu dans cette maison avec cinq femmes qui ne parlaient pas le français, et j'ai essayé de vivre auprès d'elles. Ces femmes, elles sont porteuses de vie, ce sont elles qui dirigent la maison, donc, en cela, j'ai beaucoup appris !

J'ai presque l'impression que Marrakech a été pour moi une nouvelle enfance, où j'ai découvert un monde entièrement nouveau d'odeurs, de musiques, de sensations... C'était un véritable paradis.

François-Xavier Bagnoud, le fils d'Albina du Boisrouvray, me transporte à Genève, avec Alain. Arrivé là, il s'en va, après m'avoir installé à l'Hopital cantonal. Il me laisse avec mes souvenirs, mes larmes. Juste avant qu'il ne parte, je lui demande :

– Alain, on en est où ? On est ensemble ou pas ?

– On s'est quittés.

Il m'embrasse tendrement et s'en va.

Je reste, avec cette immense solitude. Je vais rester trois mois à l'hôpital, seule. Il fait chaud, la canicule est terrible. La vie, à l'hôpital, est difficile : j'ai chaud, je transpire, je suis collée à la coque, je maigris, je pleure. Quelqu'un vient souvent me voir : José Giovanni. Il est dans la montagne. Il prend sa bicyclette le matin, il déjeune avec moi, il fait la sieste sur le lit d'à côté, et vers quatre heures, sa femme vient le chercher en voiture. Il y a aussi Marie, une amie de cœur, qui restera souvent près de moi. Nadine de Rotschild me donne des nouvelles et m'envoie des corbeilles de fruits de son jardin. J'ai des pêches, des raisins, des figues, et ces fruits m'apportent de la douceur. Pierre Barret, lui, vient me voir à Genève. Il me lit des textes, me parle de Compostelle, de Paris. Il est très attiré par le Moyen Âge et les petits métiers, sabotiers, porteurs d'eau. Ces récits me nourrissent. Nous ne sommes pas dans la séduction, mais dans des relations chaleureuses. Il me voit pleurer.

Le temps passe, mes os se reforment, ma blessure au cœur demeure, sourde. Quelque chose s'achève, avec cet accident. Ma vie est désormais coupée en deux. Il y a l'avant, et il y a l'après.

Avant, j'ai eu une carrière de cinéma, j'ai vécu avec l'homme le plus désirable du monde. Après, qui sait ? Je rentre à Paris, amaigrie, changée, et je vais m'asseoir au bar du George V, où l'obscurité permet des pensées mélancoliques.

Mais j'ai de la chance : Pierre Barret m'a attendue. Nous allons reprendre où la vie nous a laissés.

*

* *

Suis-je au degré zéro de ma vie ? Mon corps est en miettes, mon cœur est recousu, mon moral un peu gris. Quant à ma carrière, n'en parlons pas. Les déplacements me sont pénibles, les voyages quasiment impossibles, l'envie de travailler nulle. Très vite, avec Pierre Barret, nous comprenons que nous sommes en harmonie. Lui, c'est un ouragan de bonne humeur. Il veut faire des choses, participer à des courses, escalader l'Himalaya, traverser le Sahara, plonger dans la fosse des Philippines, aller passer une nuit sur la planète Mars. Cette année 1984, finalement, ne commence pas si mal.

La vie, avec Pierre, est une aventure perpétuelle, une aventure de bonheur. Il m'explique plein de choses. Les livres affluent, et, malgré son emploi du temps très serré, il a toujours cinq minutes à accorder aux autres. Il entreprend, il court, il invente et, surtout, il rit. Ce rire-là, comme je l'aime ! Il m'a replâtré la colonne vertébrale par la seule grâce de la bonne humeur.

Mais, pour l'instant, je suis entièrement concentrée sur ma vie privée. Ma carrière ? Je n'y pense plus beaucoup. C'est bien dans ma manière : je mélange tout, je ne dégage pas de priorités, je vais où le vent me pousse. Et là, il me pousse dans la vie de Pierre.

Côté cinéma, on me propose des choses qui n'ont pas d'intérêt. J'éprouve, de nouveau, cette lassitude de me voir dans un miroir. De plus, d'autres actrices arrivent... L'argent ? Peu importe. Je vis avec ce que j'ai. Je n'ai pas la mentalité d'une fourmi, mais je n'ai pas non plus les besoins d'une diva. La *love story* avec Pierre est magnifique : peu à peu, je me remets sur mes jambes, je le suis dans des courses de moto, je tâte de l'ULM, je traverse des pays que je ne connais pas. C'est un amoureux du bonheur. Il n'aime que le soleil, le grand large, l'horizon... et moi. Ensemble, nous nous amusons.

Surtout, la vie est simple.

Nous faisons des excursions, nous traversons la Méditerranée, lui en ULM, moi en hélicoptère, nous allons dans le Ténéré. J'ai des souvenirs de vent brûlant, d'océan d'écume, de nuages qui flottent, de rires partagés... Pierre se met au défi tout le temps. Les années passent ainsi, dans un tourbillon de gentillesse, et la mélancolie disparaît.

On me propose de devenir réalisatrice. Le producteur Norbert Saada me suggère de mettre en scène un film. Tiré d'un roman de Catherine Pancol, *La Barbare* est l'histoire d'une jeune fille qui est originaire de Tunisie, mais qui vit en France. Elle doit revenir à l'occasion de la mort de son père, homme rude et peu amène. Là, confrontée au bonheur de ses hôtes, Michael et Alice, elle s'insère sciemment entre les deux, et défait le couple... L'histoire m'intéresse, l'expérience aussi. Et puis, peut-être ai-je besoin de ce renouveau. Car la nouvelle est tombée, terrible : Pierre a une hépatite C. Qui ne lui permet pas de guérir. Une transfusion vingt ans avant lui a inoculé la maladie, et ses anticorps ne se renouvellent plus.

C'est l'expérience de Pierre qui va me donner la force de continuer. Il puise dans son passé pour me parler de ses étapes, de ses gains, de ses trouvailles. Ainsi, il me décrit son voyage, à pied, vers Saint-Jacques-de-Compostelle. Cette forme de retraite, de quête de soi, me touche. Pour la première fois de ma vie, je réfléchis sur moi-même. Qui suis-je ? D'habitude, j'avance, je tourne les pages au fil de la lecture, j'use les jours après les jours, je vogue sur les nuits, mais jamais je ne m'arrête pour enquêter sur Mireille Darc.

L'année 1988 est à la fois noire et lumineuse. Lumineuse parce que Pierre travaille sur un projet de livre, qu'il se bat contre la maladie. Il a confiance. Moi, je prépare *La Barbare* : je découvre les difficultés d'écriture, d'organisation, de planning, d'un tournage, côté cour. Pierre me soutient, me conseille, m'aide. Il me recommande de

TAMA
YAMAHA

travailler sur le rythme du film. Cette *Barbare* où se délitent les sentiments, où les êtres se déchirent, me plaît bien. Avec Pierre, nous laissons les jours couler, avec le plaisir de bavarder de nos projets dans la cuisine.

Le scénario de *La Barbare* me fait constamment penser à mon histoire avec Alain. La cassure, je l'ai encore sur le cœur, dans le ventre. Je puise dans cet ouragan intérieur la force de ce film. J'exorcise. Quand le tournage commence, à Sidi Bou Saïd, j'ai un assistant, Marc Angelo, qui m'aide très efficacement. Mais tout est difficile : d'une part, Pierre est malade, et décroît de jour en jour. D'autre part, manier une équipe est dur, c'est un travail lourd, et il y faut une mentalité que je ne possède pas. Tandis que je tourne en Tunisie, Pierre est greffé du foie. Et je ne suis pas là.

| Avec Pierre.

Je suis malheureuse. Collée derrière la caméra, je peux m'envoler vers Paris tous les samedis pour passer quelques heures près de lui. Toutes les questions de base me reviennent en vrac : où sont les valeurs de la vie, de l'amour, si on ne peut même se tenir la main aux moments décisifs ? Or, je ne peux pas.

Par chance, *La Barbare* m'offre aussi des satisfactions : j'adore faire de la réalisation, mais je ne suis pas en phase avec l'équipe technique. Je sens que j'ai une incapacité à imposer mes décisions. Les acteurs, eux, Dieu merci, sont à l'écoute : Murray Head, Anglais, a quelque chose d'Alain. Il est glamour, et un peu étrange. Angela Molina, elle, est superbe, intéressante, folle. Elle est insolente, comme j'ai pu l'être autrefois. Quant à la jeune fille, jouée par Aurélie Gilbert, elle est parfaite : dans son rôle de barbare, elle est séduisante et dangereuse.

Nous tournons deux mois. Je sors de là épuisée, minée, et avec du retard sur le planning. Je suis obligée de demander des heures supplémentaires gratuites auprès de l'équipe. Finalement, les documentaires que je vais faire plus tard seront plus simples : on n'est que deux pour les réaliser. On va vite.

Je rentre de Tunisie. Pierre, greffé, est entre la vie et la mort. C'ets mon anniversaire, j'ai 50 ans. Je dors auprès de Pierre, par terre, dans sa chambre d'hôpital, puis, dans la journée, je m'enferme dans la salle de montage de *La Barbare*. Avec un monteur fabuleux, Jacques Witta. Il me remonte le moral, il est tonique. Il m'explique, aussi, ce que j'ai raté sur le tournage, gentiment.

Je vois que je n'ai pas fait le film que je désirais. Ma flamme s'est épuisée, mon énergie s'est éteinte. J'aurais aimé faire quelque chose de plus ambitieux. Je suis déçue par mon travail. La critique aussi.

Et, pire de tout, Pierre n'aura pas le temps de voir le film.

Il meurt le 16 octobre 1988, à deux heures du matin.

Le jour de son enterrement, je glisse un petit mot d'amour dans la poche de sa veste. Et puis la tombe est refermée.

Je me retrouve seule. Bien sûr, Pierre m'a laissé l'usufruit d'une petite maison à Boulogne, et je suis à l'abri. Mais à qui parler ? Je dois refaire surface. La solution, apprivoiser la solitude. J'y mettrai le temps, mais j'y arriverai. Cette solitude va devenir mon amie.

J'essaie de me recentrer, de me trouver. Personne ne m'aide. Pas de psy, de guide, rien. L'astrologie m'indique le chemin, au début. Je me raccroche au ciel. Je lis des ouvrages sur le bouddhisme, des récits sur l'hindouisme, des traités de sagesse intérieure. Je me forge ma petite philosophie. Curieusement, je n'ai pas envie de retourner à l'église, à la religion de mon enfance... J'ai été élevée dans le catholicisme, mais celui-ci s'est éloigné de moi. J'ai toujours eu l'impression que l'église est un lieu où des prêtres qui n'ont jamais été au paradis font des sermons à des gens qui n'y iront jamais... Je préfère un chemin plus personnel, plus éloigné des sentiers battus. Peu à peu, je trouve mon équilibre. Je joue avec les signes. La commode qui est au pied de mon lit craque le soir. Donc, je parle à ces craquements, car je suis sûre que c'est Pierre qui communique. Je vois une carte à jouer par terre, je la retourne, c'est un roi de cœur. C'est un autre signe. Tout cela m'aide à tenir debout. Mes intuitions profondes deviennent des messages de Pierre. Il est là, tout le temps.

Sur le tournage de *La Barbare*.

Après des mois et des mois d'isolement, finalement, j'accepte la vie.

BARBARE

La Barbare

À cette époque-là, j'avais très envie de faire de la mise en scène. On venait de se séparer avec Alain, et quand je lis le livre de Katherine Pancol, *La Barbare*, cela me fait penser à mon histoire avec lui. Au fond de moi, je ne m'attendais certainement pas à ce que cette rupture arrive un jour, donc le fait de faire ce film c'était, en quelque sorte, un exutoire.

Le problème, c'est qu'il se passe quelque chose de très grave dans ma vie en même temps que le tournage : mon compagnon Pierre Barret est en train de mourir. Donc je tourne ce film en Tunisie avec une seule envie : l'avoir au téléphone, l'entendre, et rentrer à Paris pour le voir. Tous les jours, sur le plateau, je deviens folle en me disant qu'on n'a pas le droit d'être ailleurs plutôt qu'à côté de l'homme qu'on aime, qui vit une telle épreuve... Donc je m'en veux à mourir.

Et puis je n'arrive pas à contrôler l'équipe... Donc c'est mon assistant, Marc Angelo – il est maintenant réalisateur –, qui a petit à petit repris les rênes. Ce tournage n'est pas un bon souvenir pour moi... Je n'ai d'ailleurs plus jamais voulu refaire de la fiction : après, j'ai fait du documentaire parce que c'était plus simple, je n'avais pas d'équipe à mener, c'est moi qui faisais tout de A à Z. Je me sentais beaucoup plus maître de la situation, même si c'étaient des sujets difficiles.

Grandes sagas

Jean Sagols, qui sera le grand chef d'orchestre des grandes sagas de l'été, m'appelle un jour, et il me dit qu'il a une série à me proposer... Moi, comme je suis très simple, je lui demande le texte... sauf que le texte, il fait des milliers de pages! Mais je commence à lire, je suis sérieuse, et, au début, je me dis que cela va très loin dans les secrets de familles, les rebondissements, les viols... et qu'en plus, j'ai un des premiers rôles, oui, mais un rôle antipathique... Pour autant, je continue de lire, et je n'arrive pas à décrocher. Je veux toujours lire la suite. Donc, à Paris, je vais voir Jean et je lui dis: « On y va! » C'est comme cela que l'on a tourné plusieurs années ensemble. Ces sagas furent un énorme succès, avec des scores d'audience incroyables.

.Techniquement, c'était vraiment de la haute voltige, on tournait avec des steadycam, donc une prise pouvait durer plus de sept minutes. Tenir sept minutes en marchant dans un jardin, en s'arrêtant, en reprenant, en se souvenant de tout son texte, qui est très long, c'est épuisant. On tournait un épisode en douze jours, samedi compris. Les nuits étaient occupées par les répétitions... Durant le tournage, j'ai eu l'impression de faire les Jeux olympiques! Mais, quand j'ai arrêté ces sagas, je savais une chose: je pouvais désormais tout faire, je connaissais mon métier sur le bout des doigts.

BLEU ~ INDIGO
MODE DE PARIS
MODE DE PARIS

PARTICULAR
SA 0676
CUBA

TRONCHET CAMÉRA

Le sous-marin nucléaire

La mer était calme, on était dans un hélicoptère, au large de Brest, et là j'ai vu ce sous-marin sortir des eaux, un monstre noir, gigantesque, mat et brillant à la fois, qui dégoulinait d'eau. Il sortait des eaux pile à l'endroit où le filin de l'hélicoptère tombait, au mètre près !

Quand je suis avec des gens qui sont des professionnels, je n'ai pas peur. Le général avec qui j'étais dans l'hélicoptère – j'allais passer 24 heures dans ce sous-marin nucléaire au large de Brest dans le cadre d'un reportage –, me dit avant de sauter : « Vous voyez, il faut se lancer et partir en avant sinon vous risquez de vous cogner contre fuselage de l'hélicoptère. » Et je l'ai fait, je me suis lancé, j'ai sauté, bien en avant, et heureusement qu'il m'a précisé d'y aller franchement sinon j'aurais pu me blesser. Alors que je suis en train de descendre en rappel le long du filin, j'ai vu un arc-en-ciel. Dieu que c'était beau ! C'était ma récompense pour être courageuse.

Quand on est revenue à la surface, dans la baie, le général m'a prêté son téléphone et j'ai appelé immédiatement mon mari qui était sur les Champs-Élysées et j'ai hurlé : « Je sais enfin pourquoi je suis une femme libre ! » Ce jour-là, j'ai découvert que j'étais protégée.

MARINE

DEVANT

Sports mécaniques

Concernant cette photographie, je sortais tout juste de mon accident de voiture, j'avais passé quatre mois à l'hôpital et je ne me sentais pas très bien. Pierre m'a dit : « Tu sais, ce serait bien que tu fasses un rally, il n'y a que des dingues comme toi qui le font ! » Donc on est partis en Égypte. J'avais besoin d'action, d'air, de nouvelles rencontres, il avait raison.

Pouvoir rencontrer ces gens qui vont de l'avant, qui sont souvent formidables, qui sont capables de se dépasser, c'est unique. Tous ces grands sportifs, ils ont une telle énergie... Si je n'avais pas eu un problème cardiaque très jeune, j'aurais été une sportive professionnelle, j'en suis sûre. J'ai d'ailleurs une vraie fascination pour les athlètes, car ils savent que ce qu'ils désirent faire est parfois impossible, mais ils le font quand même. Cette idée, moi, c'est quelque chose qui me fait littéralement cavaler.

HONDA

care TRAINING-CYCLE

ADDUCTOR

Vivre

Dès 1992, Mireille Darc débute une activité de documentariste pour de grandes émissions de télévision française. Faite chevalier de l'ordre national de la Légion d'honneur en 2005, elle remontera en 2007 sur les planches pour une adaptation de *Sur la route de Madison* avec Alain Delon. Elle est opérée du cœur une seconde fois en 2013.

Le téléphone sonne.

C'est Jean Sagols, un réalisateur de télévision, qui a une proposition à me faire.

– Je vais faire une grande saga, et j'aimerais que vous en soyez l'héroïne.

– Ah ? Et comment avez-vous pensé à moi ?

– Parce que je vous aime bien.

Dans *Les Cœurs brûlés*, j'ai un rôle de méchante, patronne d'hôtel, qui va mener la vie dure à une simple assistante. C'est la première fois que je joue une teigne, ce qui me fait rire : c'est si éloigné de moi… Il y a Magali Noël et Pierre Vaneck, deux acteurs que j'aime bien.

Les méthodes de la télé sont très différentes du cinéma. Le rythme est plus soutenu, le travail plus intense, l'erreur moins tolérée. L'énergie est constante : on tourne en douze jours un épisode entier. Je n'ai plus le temps de me demander ce qui se passe dans ma vie. Huit épisodes de 90 minutes, quelle cadence ! Le montage se fait en même temps que le tournage. Nous partons sept mois près d'Hyères. Je renoue ainsi avec ma mère, que je vais voir souvent. Elle est veuve. Elle a vieilli, elle a forci, mais nous n'abordons jamais les vrais sujets. Elle est comme les Dominici, elle reste silencieuse, mais je suis contente. Comment achever mon dialogue avec elle ? Je n'ai pas fini de lui dire tout ce que j'ai envie de lui dire. Je passe l'hiver à Hyères, et je redécouvre la douceur de la Côte d'Azur. Je suis bien.

La saga est diffusée sur TF1 à partir du 3 juillet 1992, avec un succès immense : dix millions de spectateurs chaque vendredi. Du coup, l'année suivante, on recommence avec *Les Yeux d'Hélène* et, en 1996, *Terre indigo,* tourné à Cuba. Nous passons sept mois là-bas, avec une malle dans laquelle se trouve toute notre vie. Le problème, dont je ne parle à personne, pour moi, c'est qu'à Cuba, il n'y a pas de médicaments, notamment ceux dont j'ai besoin constamment. Quels sont les résultats de mes analyses ? Je n'en sais rien. J'angoisse. Techniquement, c'est vraiment de la haute voltige, on tourne avec des steadycam, donc une prise peut durer plus de sept minutes. Tenir sept minutes en marchant dans un jardin, en s'arrêtant, en reprenant, en se souvenant de tout son texte, c'est épuisant. Les nuits sont occupées par les répétitions... Durant le tournage, j'ai l'impression de faire les Jeux olympiques !

Malgré tout, l'expérience me plaît beaucoup, d'autant plus que je m'entends très bien avec Sagols, qui a été comédien. Il sait quels sont nos ressorts, à nous, les acteurs. Sa façon de travailler, assez autoritaire mais avec doigté, est parfaite : en une fraction de seconde, il peut faire comprendre ce qu'il veut.

Du coup, ma carrière repart : d'autres réalisateurs de télé – Laurent Heynemann, Serge Moati, Pierre Lary, Marion Sarraut – font appel à moi. Je suis ravie.

La télé me permet de retravailler avec Alain Delon, dans *Frank Riva*, la série policière de France 2. Émotion... Il faut dire que nous ne perdons jamais le contact, tous les deux. Je lui envoie des textos, des petits mots. Après la mort de Pierre, Alain me donne un coup de main, sa générosité n'est jamais en défaut.

Je m'occupe alors de la Fondation Pierre-Barret, dont le but est d'aider les journalistes débutants. Je contacte des journaux pour les inciter à prendre des jeunes en stage. C'est dans ce contexte que va débuter un nouvel épisode de ma vie. Bernard Benyamin et Paul Nahon, les deux animateurs de l'émission *Envoyé spécial*, sur France 2, me sollicitent : serais-je prête à faire un documentaire ? Ma foi, peut-être. Sur quel sujet ? Les greffes d'organe. Oui, sur ce sujet-là, tout de suite, ne serait-ce qu'en hommage à Pierre. J'ai vu comment les choses se passent : on a un bip dans la poche, on est en attente, on est dans l'expectative. Encore une fois, c'est ma manière d'aller au fond des choses, d'exorciser. Faire un documentaire ? Voilà qui me convient.

Je me lance dans cette aventure à corps perdu : me voici dans des avions médicalisés partant à l'étranger pour récupérer des organes, foies, cœurs, reins. Pendant trois semaines, avec un cameraman, je suis sur tous les fronts. Je découvre que j'aime travailler seule. Pour préparer le documentaire, je n'ai plus de scénaristes ou d'assistants. Et quand je tourne *La Deuxième Vie*, il n'y a que l'opérateur. Je n'ai plus cette pesanteur sur les épaules, cette équipe lourde qui, sur le plateau de *La Barbare*, m'a vidée.

Pour la première fois de ma vie, je me trouve.

Quand les gens d'*Envoyé spécial* voient *La Deuxième Vie*, ils me demandent :
– Te sens-tu capable de continuer ?
– Oui, bien sûr.
– Sur un autre sujet délicat ?
– C'est quoi, le sujet délicat ?
– La prostitution.
J'accepte tout de suite. Et je demande :
– Je fais comment pour rencontrer les filles ?
– Tu te démerdes.

Pendant huit mois, je me documente. Les jeunes femmes que je rencontre me touchent énormément. Beaucoup sont droguées. J'en retrouve certaines blessées sur le périphérique, la nuit, je les emmène à l'hôpital, je découvre les bas-fonds. Jusqu'alors, j'ai vécu dans une forme d'innocence, une existence protégée. Là, je vois les aspects sordides de la vie. Ces femmes sont au bord de la misère, certaines crèvent de faim, ne savent pas comment elles vont finir la journée… Le danger, les camionneurs, la drogue, la nuit… Je rencontre des femmes de 80 ans, qui n'ont évidemment pas de retraite, et qui se prostituent encore. Rue Saint-Denis, elles se mettent à genoux devant les éboueurs, pour quelques euros. C'est la misère totale, inimaginable.

Après le tournage de *Brève Rencontre*, je laisse à toutes les filles que j'ai rencontrées mon numéro de téléphone. Quand je serai de nouveau opérée du cœur, je recevrai des SMS d'encouragements de l'une d'entre elles.

Ces documentaires deviendront mes lettres de noblesse. Je suis fière de mon travail et des sujets que j'ai traités et des êtres que j'ai rencontrés.

Ma réflexion personnelle s'enrichit. Le fait de dire « oui » ou « non » peut changer l'orientation d'une vie. Le destin bifurque sur ces simples mots, il convient donc de bien les choisir. Désormais, je me sens aidée. Est-ce l'esprit de Pierre qui me tient compagnie ? Le courage qu'il a montré dans l'épreuve est un exemple. Je sens sa présence. Il m'a appris une forme de rigueur, l'honnêteté, le respect des autres. Quand je pars le matin, je lui dis : « Il faut que tu m'aides. » Et, j'en suis sûre, il est là.

J'enchaîne sur d'autres documentaires. *De l'ombre à la lumière*, sur les jeunes qui veulent devenir stars. *Jeunesse éternelle*, sur la façon de rester belle après la cinquantaine sans avoir recours à la chirurgie esthétique. *Une Vie classée X*, sur les acteurs et actrices du porno… Pour ce dernier documentaire, je rencontre Bella, une fille obèse. Elle me dit : « Mon adolescence a été terrible pour moi. Les garçons me fuyaient. Du coup, j'en ai fait ma spécialité. Je suis tombée dans une overdose de sexe qui me fait du bien et me rassure. »

Des sujets poignants, des films intéressants, des êtres humains qui me touchent. Je ne suis plus dans la fiction, mais dans la vérité. Celle-ci dépasse l'imagination. Pour

Pendant huit mois, je me documente. Les jeunes femmes que je rencontre me touchent énormément. Beaucoup sont droguées. J'en retrouve certaines blessées sur le périphérique, la nuit, je les emmène à l'hôpital, je découvre les bas-fonds. Jusqu'alors, j'ai vécu dans une forme d'innocence, une existence protégée. Là, je vois les aspects sordides de la vie. Ces femmes sont au bord de la misère, certaines crèvent de faim, ne savent pas comment elles vont finir la journée... Le danger, les camionneurs, la drogue, la nuit...

un documentaire sur la situation carcérale, je me retrouve ainsi à la sortie d'une prison avec une fille qui a fait des escroqueries à la carte. Son fiancé est là, il l'attend, il porte des lunettes rafistolées avec du Scotch. Elle est grosse, il est fluet, ils rentrent chez eux, elle s'assied sur ses genoux et crac, la chaise s'effondre. Elle se relève, va voir son vieux père qui est assis dans un coin. Elle lui dit : « Je te demande pardon de toutes les conneries que j'ai faites. » Le père, en silence, pleure.

Aucune fiction ne pourrait rendre pareil moment.

Le Doute et l'espérance, film sur le cancer, d'ailleurs, aura des suites inattendues : moi-même, je serai victime d'un cancer, au début des années 2000. Cancer du sein. Je n'en ai pas parlé, mais la maladie m'a attaquée : chimiothérapie, radiothérapie, opération.

Une fois de plus, je m'en sors.

Et cette fois-ci, la maladie n'est pas un drame. D'abord, parce que j'ai apprivoisé le cancer grâce à mon documentaire, au contact des malades. Ensuite, parce que j'ai un nouvel homme dans ma vie, après huit ans de solitude. Il se nomme Pascal Desprez, il est architecte, et c'est un bonheur. Le sourire et le rire reviennent. Les projets, aussi. Pascal me dit : « Mon projet, c'est toi ».

⋆

⋆ ⋆

Flash-back. 1996. Pascal Desprez, que je ne connais pas, est à Marrakech pour visiter des maisons d'exception. Il a appris que j'habite un palais. Il me téléphone donc, et me pose la question : « Puis-je visiter ? » Il se trouve que je suis aussi à Marrakech, et je lui ouvre les portes. Je suis en face d'un homme sympathique. Ce jour-là, je fais des photos pour *Paris-Match* avec mon ami Richard Melloul. Je lui dis mon bonheur de vivre dans un endroit si joyeux et si coloré. Puis Pascal Desprez repart, pour rejoindre son agence d'architecture à Paris.

Les mois passent. Je suis dans un avion pour la Suisse. Mon voisin : Pascal. Moi, je vais à Genève pour tourner *L'Ami de mon fils* pour la télé. Lui, il va visiter l'un de ses chantiers. Le destin et Air France nous ont réunis. Nous ne nous quitterons plus.

La vie reprend des couleurs. L'amour revient dans ma vie, ma carrière est en plein essor, je suis de nouveau heureuse. Cet homme, c'est un cadeau du ciel. Il est drôle, énergique, et respectueux. Jamais, au cours des ans, il ne me demandera, par exemple, de cesser de voir Alain Delon. Il sait que mes relations avec Alain sont gravées dans le marbre. Et puis, Pascal me fait rire… Je suis amoureuse, oui, amoureuse comme on l'est à 18 ans.

*
* *

2007. Je suis à Rome, avec Pascal, en week-end. Le téléphone sonne. Je décroche. C'est Alain :

– Je vais te parler de quelque chose. Tu me dis simplement oui ou non.

– De quoi s'agit-il, Alain ?

– Je vais te le dire, mais il faut que tu me dises oui on non avant. Ne discute pas.

– Alors, c'est oui.

– C'est pour jouer au théâtre.

– Quoi ?

– Ah, tu ne vas pas commencer à chipoter !

– Donne-moi une indication…

– Pas question. Je t'embrasse.

Il raccroche.

De retour à Paris, j'apprends qu'il s'agit de la pièce tirée du roman de Robert James Waller, *Sur la route de Madison*, montée par Anne Bourgeois au Théâtre Marigny. Je ne suis pas remontée sur les planches depuis des années. J'ai 68 ans, le trac me reprend. Mais c'est comme la bicyclette, on n'oublie pas. Et Pascal, encore une fois, m'encourage, avec générosité. Son amour me porte.

J'apprends le texte, je me plonge dans les répétitions, le plaisir revient. Et, surtout, la joie de travailler avec Alain est là. La première a lieu, je suis au-delà du trac. D'autant plus que je dois être nue, de dos, à un moment. À la fin d'une scène, Alain doit m'enlever ma robe, qui tombe par terre, et, flash ! le public me voit dans les bras d'Alain. J'ai conscience du défi : peut-on, à 68 ans, se mettre à nu, sans être ridicule ? Ne suis-je pas trop âgée ? Tout est question d'instant, d'émotion, de lumière.

Alain est là, présent et juste. Il n'a pas changé. Quoi qu'il fasse, pour moi, c'est bien. Il a toujours la même autorité, la même présence magnétique. Quand je suis avec lui, je comprends toutes ses réactions. Anne Bourgeois, qui assure la mise en scène, intervient peu : elle est spectatrice de nos relations. Elle voit bien que quelque chose se passe. Une certaine vérité – cette vérité que le théâtre révèle parfois de façon magique – se fait jour. Pour ma part, je n'ai pas l'impression de jouer. J'ai la sensation d'être simplement avec Alain. Il se trouve que c'est sur scène. Il y a, dans cette pièce, un très beau texte sur l'éternité des sentiments, qui me touche profondément.

Mon mari

En 2002, Pascal me demande en mariage. C'est le premier homme de ma vie à faire cette démarche. Nous sommes à Honfleur, sur la côte. Il y a un Christ en croix, face à la mer. Il fait gris, les vagues moutonnent sous le vent, la tempête menace. Il me prend par la main et me dit :

– Tu veux m'épouser ?

Très émue, je dis « oui ». Le décor est beau, l'atmosphère romantique, l'endroit inoubliable. Oui, oui, et oui. Et je me mets à pleurer.

Et nous nous marions à Quetteville, petit village de 375 âmes. Petit mariage, mignon, en présence de la mère de Pascal et de ses deux enfants. Pas de grande fête : je les déteste. Mais grandiose, pour nous. Et le bonheur ne s'est jamais démenti. Désormais, je suis madame Desprez.

J'y retrouve mes propres réflexions sur les êtres que j'ai aimés. Tous les soirs, je suis en osmose avec ce texte.

Sur la route de Madison va rester à l'affiche six mois, avec plus de cent représentations, et sera un énorme succès.

Dans ma vie, j'ai croisé des personnages célèbres, et, à chaque fois, j'ai été curieuse, admirative ou simplement touchée.

Souvenirs : je promène mes chiens sur les quais de la Seine, un homme m'aborde et prend l'habitude de faire quelque pas avec moi : c'est Valéry Giscard d'Estaing. Amicalement, il me tient compagnie, nous bavardons. Agréables promenades... Autre rencontre : François Mitterrand, à l'Élysée, s'entretient avec moi, et je suis fascinée par l'étendue de sa culture.

Une personne pique ma curiosité : c'est une femme. Elle a tourné dans l'un de mes documentaires – celui sur le cancer – et elle a été fabuleuse. Brune, grande, élégante, Carla Bruni me fait vive impression. Je lui parle d'une jeune fille de 16 ans qui aurait voulu être mannequin, mais qu'un cancer terminal condamne. J'appelle Dior, pour savoir si l'un des mannequins accepterait de se charger d'une visite pour cette jeune fille. Un seul top model accepte : Carla Bruni. Elle explique tout, montre les coulisses, fait essayer des robes, se met en quatre. Elle est formidable. La visiteuse, éblouie, est aux anges. Jamais elle n'aurait imaginé pareille fête.

La jeune fille en a gardé un souvenir émerveillé.

Ainsi, la vie m'a menée sur des chemins étranges. En côtoyant des gens malades ou misérables, je me suis rendue compte à quel point ma vie avait été protégée, voire ouatée. Depuis, je me suis associée à des œuvres de solidarité : « + de Vie », pour le quotidien des personnes âgées hospitalisées, et, surtout, « La Chaîne de l'espoir », avec le professeur Deloche, pour opérer des enfants qui ont des problèmes cardiaques dus à la précarité. Chaque fois que je vais dans un pays pour ramener un enfant à opérer, c'est moi qu'on ramène : je suis l'un de ces enfants. J'ai la fierté de faire partie de cette chaîne et d'en être la marraine. Ainsi, quand j'ai été au Cambodge, j'ai appris comment on repérait un enfant malade : il ne joue pas avec les autres au football. « La Chaîne de l'espoir » a donné un sens à ma vie.

C'est ainsi que j'ai pu rencontrer mère Térésa, qui m'a demandé :

– Qu'est-ce que tu fais pour les autres ?

C'est la bonne question.

Désormais, j'ai une vie heureuse, certes. Mais une dernière épreuve m'attend. Fin 2012, les médecins m'informent qu'il serait bon de ne pas attendre. Ne pas attendre quoi ? Ne pas attendre trop longtemps avant une nouvelle opération à cœur ouvert. De quoi s'agit-il ?

– Il y a un problème de sortie du sang.

– Ah ?

– Vous ne sentez rien ?

– Non, docteur. Mais je constate que je m'essouffle vite, et qu'un bruit se fait entendre dans ma poitrine, à intervalles réguliers.

– C'est normal. Le sang se fraie un chemin dans une aorte rétrécie.

– C'est de là que vient ce bang, bang, continuel ?

– Exactement. Une valve fatigue.

Décision est donc prise d'intervenir. Contrairement à la première fois, où j'étais inquiète, cette fois-ci, je suis simplement ennuyée. Tout va bien, ma vie, mes projets de documentaires, et ce bel appartement de l'avenue Montaigne, que Pascal a enfin terminé, tout en noir et blanc. Et voilà que mon corps, de nouveau, me trahit. Je parle de cette opération à Pascal, puis avec le chirurgien Jean-Noël Fabiani. Pascal m'emmène à New York, pour les fêtes de fin d'année. Cette fois-ci, au lieu de choisir la date de l'intervention en fonction de l'astrologie, je retiens le 13-3-2013, juste parce que le chiffre me plaît, avec tous ces « 3 » !

⋆
⋆ ⋆

J'ai récemment réalisé un film sur la mort, intitulé *Voyage vers l'inconnu…e*. À mon âge, c'est un sujet qu'on ne peut plus contourner. Ainsi, j'entreprends un travail sur moi-même. De quoi ai-je peur ? Est-ce de la mort ? Je médite, je lis, je m'accoutume, et, enfin, j'accepte l'idée de la mort. Ce qui m'ennuie le plus, c'est d'être séparée de Pascal : nous vivons ensemble depuis 1996. Je pars de la maison en écrivant sur mon agenda : « À la gloire de Dieu. »

L'opération a lieu.

Je me réveille, truffée d'antalgiques. Pas de douleur, mais des cauchemars. La morphine crée des reptiles, je vis dans une vase de sauriens. Le bruit de mon cœur a cessé. Je suis en proie à des hallucinations. Pascal demande à toutes mes copines de se relayer, de ne jamais me laisser seule. Une chaîne de solidarité s'organise. Les reptiles mettent du temps à partir. L'amitié, l'amour, les ont chassés. Alain Delon vient me voir. Il s'inquiète. Je sors de là, épuisée, lasse, mais heureuse. Je sais qu'en parlant de cette nouvelle opération, je vais pouvoir aider d'autres gens qui sont sous le scalpel aussi.

La phrase de mère Térésa me hante : « Que fais-tu pour les autres ? »

Aux autres, je dédie cette opération.

J'ai signé un nouveau bail avec l'existence. Pascal m'entoure, m'aime, me donne toutes les raisons de vivre. Je n'ai pas oublié Lassie le chien en Suisse ; j'ai adoré tourner avec Georges Lautner et ses copains ; j'ai été marquée par la présence de Visconti, royal et magnifique ; j'ai pleuré en regardant Alain Delon dormir ; j'ai été sur les chemins de Compostelle, en pensée, avec Pierre Barret ; on a réparé mon cœur deux fois dans ma poitrine ; j'ai été à Venise avec Pascal et j'irai au bout du monde avec lui.

La vie commence, oui, elle commence.

Une deuxième opération du cœur

Quand je suis parti me faire opérer du cœur pour la deuxième fois de ma vie, je n'en ai pas parlé autour de moi. Je n'en ai pas parlé parce qu'à chaque fois vous voyez les autres pâlir: ils pensent à leur propre mort, à leurs propres angoisses, et ça vous renvoie à ce que vous fuyez. Donc si vous vous avez déjà fait un gros boulot pour mettre vos peurs derrière vous, c'est douloureux, il vaut mieux se taire et garder cela pour vous! Moi, j'ai toujours considéré qu'il ne faut pas fuir ses peurs. Mais j'y ai beaucoup travaillé pour cette opération. Tous les jours, je me livre à une forme de méditation qui peut durer deux ou trois heures. Au début, j'ai beaucoup pleuré. Pendant un mois, je me suis accoutumée à l'idée de la mort. Si bien que le jour venu, j'y vais « à la grâce de Dieu ». Je suis en état d'acceptation.

Je me dis: j'ai 75 ans, j'ai eu une vie passionnante, j'ai fait des choses intéressantes, je suis en positif. Je tricote toutes ces idées, et, finalement, je suis apaisée. Quand je m'allonge, je suis tranquille, résignée. Je ne pleure plus du tout. J'ai envie de sécuriser mon mari, car c'est lui qui me touche tout le temps. Je suis très attentive et admirative envers lui.

Quand je me réveille opérée, je sais que je dois être forte. Je ne dois pas flancher. Je sais que le professeur Fabiani est un excellent chirurgien, mais je ne me sens pas bien. Je me rends compte que je fais des cauchemars terribles. Il n'y a pas de douleur, car on m'a donné des produits antalgiques. Mais, en même temps, ceux-ci provoquent des cauchemars. Moi qui ne prends jamais rien, je suis sous morphine, et je rentre dans des voyages terribles, toutes les nuits. Ces visions vont à toute vitesse, et je vois des êtres collés à moi, des espèces de sauriens, des crapauds, ils m'attendent. Là, j'angoisse terriblement.

Je suis resté hospitalisée dix-sept jours. Une nuit, j'appelle mon mari pour lui dire qu'il me semble que je ne suis plus à l'hôpital Pompidou, qu'on m'a enlevée, que je suis en route pour l'Espagne. « Viens me chercher », dis-je. Il arrive. Évidemment, je n'avais pas bougé. Mais j'ai le sentiment d'être loin. Du coup, mon mari demande à toutes mes copines de se relayer pour passer une nuit avec moi. J'ai eu comme ça une douzaine de personnes pour m'accompagner. Les cauchemars sont restés. Mais j'ai été entourée d'amitié et d'amour.

Après, ça a été très dur physiquement. J'étais ivre de fatigue. Par rapport à la première opération, c'est ça qui domine, l'épuisement. Je n'ai pas faim, je n'arrive pas à parler, j'ai perdu l'équilibre, et les cauchemars continuent. J'ai peur de dormir. Alors je me mets à l'abri chez moi, en osmose avec mon mari. Pour la première fois de ma vie, je redeviens une enfant. J'ai eu une jeunesse abîmée par la misère, par la guerre, par l'absence des parents, par un père très bourru…

Maintenant ? Mon seul but, c'est d'aller mieux. Et je n'ai pas envie de faire des caprices, même si Pascal ne pense qu'à me faire plaisir. Il m'aide à manger, à dormir, il organise ma vie. Il ne me regarde pas comme une vedette de cinéma, il me regarde comme sa femme. Il me berce, il me réconforte.

Alain a été formidable lui aussi, il est venu régulièrement, il s'inquiétait pour moi. Nous avons une relation d'amitié merveilleuse.

Je sais maintenant qu'une personne qui va être opérée ne doit pas être laissée à elle-même. Il faut être entouré. Carrière, argent… tout disparaît. Et il ne reste qu'une chose véritable : l'amour, la vie. Et cette vie, cet amour, il ne faut jamais en avoir peur.

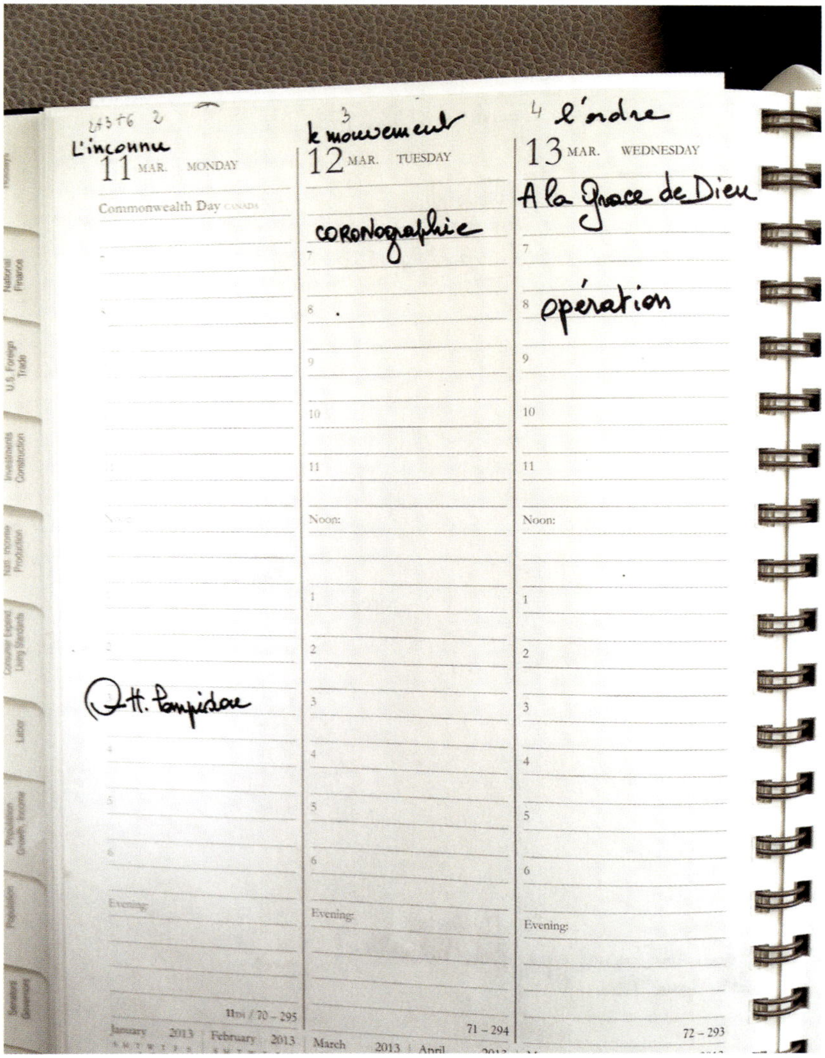
L'inconnu
11 MAR. MONDAY
Commonwealth Day CANADA
le mouvement
12 MAR. TUESDAY
coronographie
4 l'ordre
13 MAR. WEDNESDAY
A la Grace de Dieu
opération
H. Pompidou
Noon:
Evening:
71 – 294
72 – 293

Mireille par Pascal

Où avez-vous rencontré Mireille Darc ?

À Marrakech. Je me souviens de la lumière de ce jour-là. Je m'intéressais aux belles maisons de Marrakech. On m'avait dit que celle de Mireille Darc était la plus belle.

J'ai téléphoné à mon amie Anne-Marie Périer. Je me doutais qu'elle connaissait Mireille. Elle a dirigé le journal *Elle* pendant tant d'années... Elle a connu tout le monde. Elle a dû lui demander l'autorisation et m'a donné son numéro de téléphone.

J'habitais La Mamounia. Elle m'a dit « Venez. Nous sommes entre amis ». « Comment faisons-nous ? Vous sortez de La Mamounia. Vous tournez à droite, je viens à votre rencontre. » Un rêve. Je la voyais au loin, venir vers moi... Grande silhouette blonde, en pantalon blanc et chemise blanche... Mince, élégante, distinguée, comme dans les films, et la chevelure blonde au carré.

Sa maison était effectivement un magnifique palais. Il avait été construit par Paul Getty Junior, qui y donna des fêtes somptueuses et décadentes : 3500 m^2, deux patios d'orangers, citronniers, pamplemoussiers... Des pièces de 7 mètres de hauteur sous plafond ornées d'art islamique digne des plus grands palais de Fès.

Des toits terrasses magnifiques d'où on apercevait d'un côté l'Atlas enneigé et de l'autre la ville ancienne et la Koutoubia. Elle m'a dit : « Promenez-vous, vous êtes chez vous... »

Le soir, elle m'a convié à dîner. Nous étions nombreux. Elle a raconté son arrivée à Marrakech. Alain Delon, Marie-Hélène de Rothschild, Yves Saint Laurent et Pierre Bergé... Ceux-là ont fait Marrakech. Je ne dînais pas chez Mireille Darc mais chez « La Dame de Marrakech », comme tout le monde à Marrakech l'appelait.

Vous n'avez donc pas rencontré Galia, alors ?

J'avais vu le film *Galia*, bien sûr. J'ai très vite reconnu Galia en elle. Elle est Galia, et restera éternellement Galia. Une femme libre.

Une femme exceptionnelle...

Mireille a passé sa vie à se construire, à apprendre, à aimer. Elle a toujours cherché de la profondeur dans tout. Avide de tout connaître pour s'enrichir. Avide d'approcher les êtres et les cœurs, elle a toujours cherché la beauté. Elle regarde, écoute, lit, aime.

Elle aime se battre pour des causes justes. Ou contre ce qui la révolte. Elle a monté l'Institut du cœur pour le professeur Cabrol, l'institut de Foix pour le professeur Bismuth. Elle est la marraine de la Chaîne de l'espoir du professeur Alain Deloche. Elle participe et travaille avec de nombreuses associations. Elle est très généreuse et donne beaucoup d'elle-même et de son temps.

Et elle a su se réinventer...

Mireille a tout fait. Tout connu. La vie de star adulée pendant presque 20 ans avec Alain Delon, les sports de l'extrême avec Pierre Barret, son second compagnon, et, bien sûr, d'immenses succès, des succès populaires au cinéma, à la télévision, au théâtre.

Mais, ce qu'elle aime le plus maintenant, ce dont elle est la plus fière, je le sais, ce sont ses reportages de 50 minutes pour la télévision...

Sur les femmes voilées, les prostituées, les femmes en prison, ou des sujets, plus philosophiques, comme *Le Pardon*, son dernier reportage où elle s'est intéressée aux erreurs judiciaires...

Elle prépare maintenant un reportage sur l'exclusion des femmes.

Le côté star n'a pas été un écran, au début, entre vous ?

Mireille est une vraie star. Elle ne brille pas dans les yeux des gens, mais dans les cœurs. Les gens l'aiment, c'est incroyable... Les premiers temps, peu après que nous nous sommes rencontrés, j'avais été étonné de voir des gens qui l'arrêtaient dans la rue et lui disaient : « Comme vous êtes belle, comme on vous aime », et ils lui disaient : « Merci »...

La remercier de quoi ?

« Merci pour ce que vous êtes... » J'étais émerveillé.

Pourtant, le métier d'actrice, souvent, porte à une certaine superficialité.

Comment expliquer qu'elle soit reçue au *20 heures* du samedi soir de Laurent Delahousse sur France 2, trois mois après son opération du cœur, pour que Laurent lui demande en direct, simplement, gentiment : « Comment allez-vous Mireille ? Les

Français vous aiment et veulent savoir. » Pensez-vous que Mireille Darc serait à ce point dans le cœur des Français si elle était superficielle ?

Ce qui la caractérise, c'est l'appétit de vie ?

C'est une femme de cœur. À ce titre, elle est une « Dame Clarins. » Elle a été la dixième. Maintenant, elles doivent être 13 ou 14... Ou plus peut-être. Dont sœur Emmanuelle, le professeur Francine Leca (qui opère des enfants du cœur).

Les gens connaissent très bien sa vie. Elle est passée par tellement d'épreuves, deux opérations du cœur, un cancer du sein, un accident de voiture qui l'a clouée au lit pendant six mois... Mais, elle a eu tellement de joie, de bonheur, de réussite. Elle a su parfaitement composer et gérer sa vie – et gérer son image aussi.

En dehors de l'amour que je lui porte, j'ai une très grande admiration pour elle. Elle voulait être Mireille Darc à 18 ans déjà. Au Conservatoire de Toulon, elle est devenue Mireille Darc.

Vous êtes ensemble depuis dix-sept ans. Quelles sont vos passions communes ?

Nos passions communes ? Nous voyageons, nous aimons aller en Italie et à New York, en Inde, au Maroc, bien sûr, à Tanger. En Égypte, en Syrie... Mireille est une passionnée de culture et d'art.

Nous allons beaucoup dans les musées, les galeries. Nous ne ratons guère de spectacle. Théâtre, concerts, opéra...

Lorsque nous avons loué un appartement à Venise, nous cherchions la peinture dans toute la cité – un jour les Bellini, un jour les Tintoret –, dans toutes les églises, dans les moindres quartiers reculés... Mireille a une énergie incroyable, elle est inlassable.

Son appétit de vivre est insatiable. Comme toute femme libre. Comme Galia.

La filmographie de Mireille

1960, *Les Distractions*, réalisé par Jacques Dupont, actrice.
1960, *La Bride sur le cou*, réalisé par Roger Vadim, actrice.
1960, *Mourir d'amour*, réalisé par Dany Fog, actrice.
1961, *La Grande Bretèche*, réalisé par Claude Barma, actrice.
1961, *Les Nouveaux Aristocrates*, réalisé par Francis Rigaud, actrice.
1961, *L'Île aux filles perdues*, réalisé par Domenico Paolella, actrice.
1962, *Virginie*, réalisé par Jean Boyer, actrice.
1962, *Les Veinards*, réalisé par Jean Girault, Philippe de Broca, Jack Pinoteau, premier rôle.
1963, *Pouic-Pouic*, réalisé par Jean Girault, actrice.
1963, *Des pissenlits par la racine*, réalisé par Georges Lautner, premier rôle.
1963, *Les Durs à cuire*, réalisé par Jack Pinoteau, actrice.
1964, *Monsieur*, réalisé par Jean-Paul Le Chanois, actrice.
1964, *La Chasse à l'homme*, réalisé par Édouard Molinaro, actrice.
1964, *Les Barbouzes*, réalisé par Georges Lautner, premier rôle.
1965, *Galia*, réalisé par Georges Lautner, premier rôle.
1965, *Du rififi à Paname*, réalisé par Denys de La Patellière, actrice.
1965, *Ne nous fâchons pas*, réalisé par Georges Lautner, premier rôle.
1965, *Barbouze chérie*, réalisé par José-Maria Forqué, premier rôle.
1965, *Question d'honneur*, réalisé par Luigi Zampa, actrice.
1966, *Rapt à Damas*, réalisé par Mario Camerini, actrice.
1966, *À belles dents*, réalisé par Pierre Gaspard-Huit, premier rôle.
1966, *La Grande Sauterelle*, réalisé par Georges Lautner, premier rôle.
1966, *La Blonde de Pékin*, réalisé par Nicolas Gessner, premier rôle.
1967, *Fleur d'oseille*, réalisé par Georges Lautner, premier rôle.
1967, *Week-End*, réalisé par Jean-Luc Godard, premier rôle.
1968, *Jeff*, réalisé par Jean Vautrin★, premier rôle.
1968, *Un corps une nuit*, réalisé par Giorgio Bontempi, premier rôle.
1969, *Borsalino*, réalisé par Jacques Deray, actrice.

1969, *Elle boit pas, elle fume pas, elle drague pas... mais elle cause*, réalisé par Michel Audiard, actrice.
1969, *Gonflés à bloc*, réalisé par Ken Annakin, actrice.
1970, *Madly*, réalisé par Roger Kahane, premier rôle.
1970, *Fantasia chez les ploucs*, réalisé par Gérard Pirès, premier rôle.
1970, *Laisse aller... c'est une valse*, réalisé par Georges Lautner, premier rôle.
1971, *Il était une fois un flic*, réalisé par Georges Lautner, premier rôle.
1972, *Le Grand Blond avec une chaussure noire*, réalisé par Yves Robert, premier rôle.
1972, *Il n'y a pas de fumée sans feu*, réalisé par André Cayatte, actrice.
1973, *La Valise*, réalisé par Georges Lautner, premier rôle.
1973, *OK patron*, réalisé par Claude Vital, premier rôle.
1974, *Les Seins de glace*, réalisé par Georges Lautner, premier rôle.
1974, *Borsalino and Co*, réalisé par Jacques Deray, actrice.
1974, *Dis-moi que tu m'aimes*, réalisé par Michel Boisrond, premier rôle.
1974, *Le Retour du grand blond*, réalisé par Yves Robert, premier rôle.
1975, *Le Téléphone rose*, réalisé par Édouard Molinaro, premier rôle.
1975, *L'Ordinateur des pompes funèbres*, réalisé par Gérard Pirès, premier rôle.
1976, *Les Passagers*, réalisé par Serge Leroy, premier rôle.
1976, *L'Homme pressé*, réalisé par Édouard Molinaro, premier rôle.
1977, *Mort d'un pourri*, réalisé par Georges Lautner, actrice.
1978, *Les Ringards*, réalisé par Robert Pouret, premier rôle.
1980, *Reporters*, réalisé par Raymond Depardon, actrice.
1981, *Pour la peau d'un flic*, réalisé par Alain Delon, actrice.
1982, *Jamais avant le mariage*, réalisé par Daniel Ceccaldi, premier rôle.
1982, *Si elle dit oui je ne dis pas non*, réalisé par Claude Vital, premier rôle.
1984, *Réveillon chez Bob*, réalisé par Denys Granier-Deferre, actrice.
1986, *La Vie dissolue de Gérard Floque*, réalisé par Georges Lautner, actrice.
1988, *La Barbare*, réalisé par Mireille Darc, réalisatrice.
2011, *Journal de France*, réalisé par Claudine Nougaret, Raymond Depardon, actrice.

Théâtre – Actrice

1962, *Les Femmes aussi ont perdu la guerre* de Curzio Malaparte, mise en scène Raymond Gérôme, théâtre des Mathurins.
1964, *Photo-Finish* de Peter Ustinov, mise en scène Peter Ustinov, théâtre des Ambassadeurs.
1965, *Pieds nus dans le parc* de Neil Simon, mise en scène Pierre Mondy, théâtre de la Madeleine.
1985, *Chapitre II* de Neil Simon, mise en scène Pierre Mondy, théâtre Édouard VII.
2007, *Sur la route de Madison*, d'après le roman de Robert James Waller, mise en scène Anne Bourgeois, avec Alain Delon, théâtre Marigny.

Télévision, fiction – Actrice

1960, *L'inspecteur Leclerc enquête, Le Retour d'Hélène* de Claude Barma, « Georgette ».
1960, *Du côté de l'enfer* de Claude Barma (Téléfilm), « Jane ».
1962, *Hauteclaire* de Jean Prat (Téléfilm), « Hauteclaire Stassin ».
1964, *L'été en hiver* de François Chalais (Téléfilm), « Diane ».
1992, *Les Cœurs brûlés* de Jean Sagols (Série TV), « Hélène Charrière ».

1994, *Les Yeux d'Hélène* de Jean Sagols (Série TV), « Hélène Charrière ».
1995, *Laura* de Jeannot Szwarc (Téléfilm), « Laura ».
1996, *Terre indigo* de Jean Sagols (Série TV), « Clélia Debarbera ».
1996, *J'ai rendez-vous avec vous* de Laurent Heynemann (Téléfilm), « Agnès ».
1997, *Sapho* de Serge Moati (Téléfilm), « Fanny ».
1997, *Ni vue, ni connue* de Pierre Lary (Téléfilm), « Nicole Garrel ».
1997, *L'Ami de mon fils* de Marion Sarraut (Téléfilm), « Louise ».
1998, *La Justice* de Marion de Thierry Binisti (Série TV), « Marion ».
1999, *Le Portrait* de Pierre Lary (Téléfilm), « Nicole Garrel ».
2003, *Le Bleu de l'océan* de Didier Albert (Série TV), « Patricia Delcourt ».
2003, *Frank Riva* de Patrick Jamain (Série TV), « Catherine Sinclair ».
2011, *Le Grand Restaurant II* de Gérard Pullicino (Téléfilm), « La cliente qui ne veut pas vieillir ».

Télévision, documentaire – Réalisatrice
1992, *La Deuxième Vie* (Envoyé spécial).
1994, *Brève Rencontre* (Envoyé spécial).
1996, *Le Doute et l'espérance* (Des racines et des ailes).
2002, *De l'ombre à la lumière* (Des racines et des ailes).
2004, *Jeunesse éternelle* (Envoyé spécial).
2005, *Une vie classée X* (France 3).
2005, *Les Liserons d'eau* (Envoyé spécial).
2007, *Vivre d'Amour* (France 5).
2008, *Voyage vers l'inconnu…e.*
2011, *Pas sur la bouche* (France 3).
2012, *Pardonner* (France 2).

Mireille par Richard

Paris, 1989

Paris, 1989

Marrakech, 1992

Paris, 1984

Paris, 1989

Paris, 1999

Paris, 1983

Paris, 1989

Paris, 1999

Paris, 1989

Paris, 2013

Paris, 1994

Paris, 1989

Paris, 1989

Paris, 1992

Paris, 1994

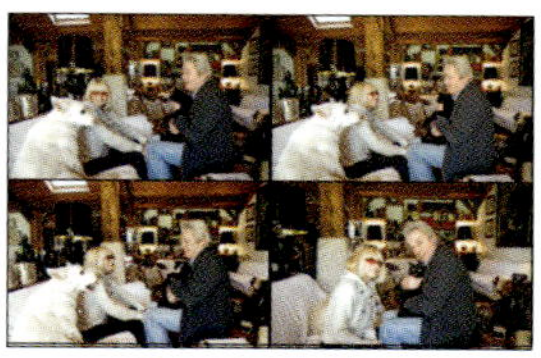
Douchy, 2011

Douchy, 2011

Paris, 1992

Normandie, 1998

Paris, 1984

Douchy, 2011

Douchy, 2011

Douchy, 2011

Marbella, 1979

Edouard VII, 1984

Paris, 2005

Paris, 2005

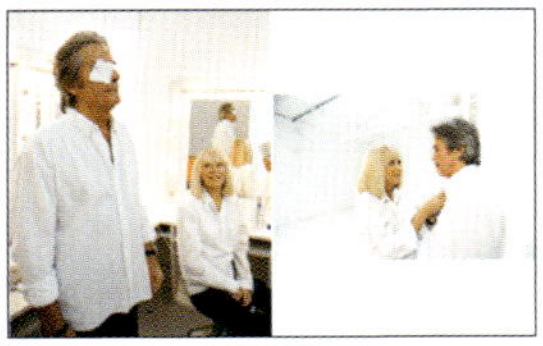
Paris, 2005

Paris, 2005

Edouard VII, 1984

Normandie, 1998

Normandie, 2005

Marrakech, 1996

Marrakech, 1996

Marrakech, 1996

Marrakech, 1983

Marrakech, 1983

Marrakech, 1983

Marrakech, 2002

Orléans, 1984

Le Caire, 1983

Tunisie, 1988

Sud de la France, 1994

Les Yeux d'Hélène, 1994

Les Yeux d'Hélène, 1994

Cuba, 1995

Cuba, 1995

Cuba, 1995

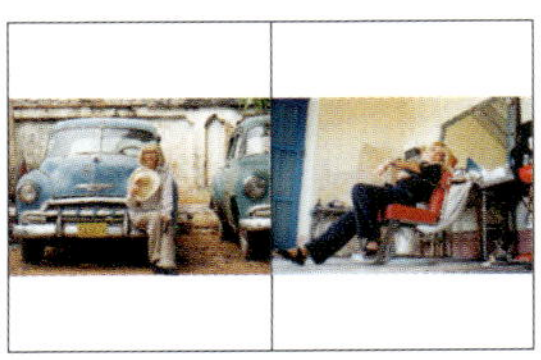
Cuba, 1995

Cuba, 1995

Cuba, 1995

Cuba, 1995

Sapho, 1996

Sapho, 1996

Dans l'Ouest, 2008

En mer, 2008

Égypte, 1983

Égypte, 1983

Normandie, 1984

Paris, 1983

Paris, 2006

Paris, 1983

Barcelone, 1990

Paris, 2008

Paris, 2008

Paris, 2008

Le Lavandou, 1994

Paris, 2013

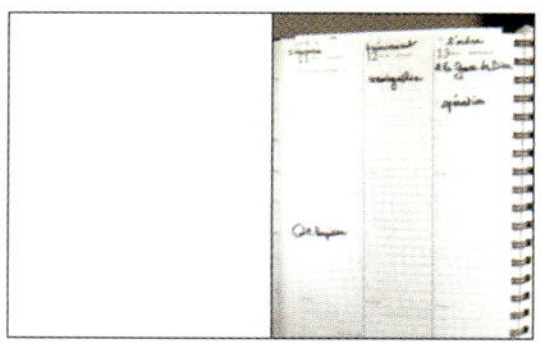
Paris, 2013

Paris, 2013

Paris, 2013

Paris, 2013

Paris, 2013

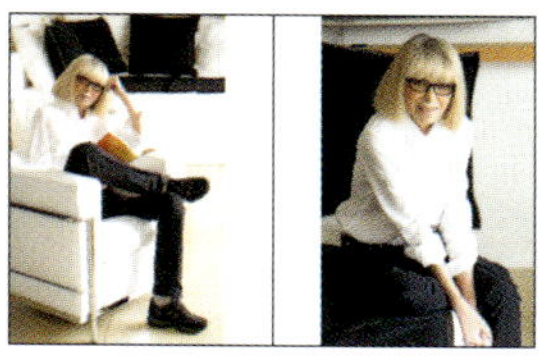
Paris, 2013

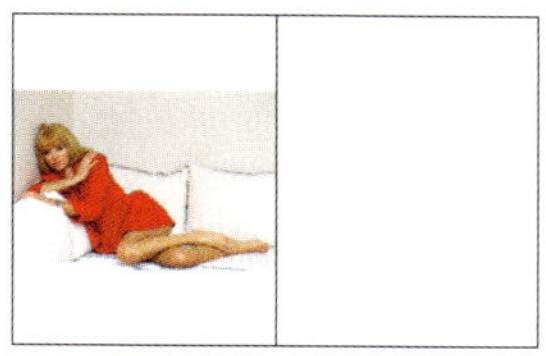
Marrakech, 1983

Le Caire, 1983

Paris, 1994

Crédits photographiques

P. 44 - Dans une église à Paris © Corbis © Manuel Litran/Corbis ; p. 45 - Devant le métro parisien © Corbis© Manuel Litran/Corbis ; p. 47 - Séance photo © Umberto Guidotti/DR ; p. 52, 53 - septembre 1961 © Alain Adler/Roger Violet ; p. 55 - 1965 © Dominique Gonot/INA ; p. 62 - Monsieur © Sunset Boulevard/Corbis ; p. 64 - La Bride sur le cou © Rue des Archives/AGIP ; p. 66 - Pouic-Pouic, Collection Christophel © Story films/Erde ; p. 67 - Monsieur, Collection Christophel © Films Copernic/Les films Corona/Zebra films ; p. 68 - Sur le tournage d'À belles dents © Philippe Le Tellier/Paris Match/Scoop ; p. 69 - 1963 © Claude James/INA ; p. 71 - Monsieur, Collection Christophel © Films Copernic/Les films Corona/Zebra films ; p. 71 - Photo Finish, © Rue des Archives/AGIP ; p. 74, 75 - Des pissenlits par la racine, Collection Christophel © Cocinor ; p. 80 - La chasse à l'homme ©Rue des Archives/collection CS/FF ; p. 81 - Les barbouzes © Rue des Archives/AGIP ; p. 82 - Les barbouzes, Collection Christophel © Gaumont ; p. 83 - Les barbouzes, Collection Christophel © Gaumont ; p. 86 - Les Bons Vivants, Rue des Archives ; p. 87 - Galia, Collection Christophel ©Athos films ; p. 88 - Galia, Collection Christophel ©Athos films ; p. 98 - Galia, Collection Christophel ©Athos films ; p. 95 - Séance photo, 1982 © Benjamin Auger/Paris Match/Scoop ; p. 96, 97 - Séance photo, 1974 © Alain Dejean/Sygma/Corbis ; p. 98 - Lautner et Darc © Rue des Archives/AGIP ; p. 99 - Mireille © Alain Dejean/Sygma/Corbis ; p. 102 - L'anniversaire © François Pages/Paris Match/Scoop ; p. 103 - Ru Riffifi à Paname, Collection Christophel © Comacico ; p. 104 - Ne nous fâchons pas, © Rue des Archives/AGIP ; p. 105 - La grande sauterelle, Collection Christophel © Gaumont ; p. 109 - Week-end, © François Gragnon/Paris Match/Scoop ; p. 110 - Week-end © Collection Christophel © Les films Copernic/Comacico/Lira films/Ascot cinerao ; p. 111 - Week-end © Rue des Archives/AGIP ; p. 113 - 1966 © Philippe Le Tellier/Paris Match/Scoop ; p. 114 - Madly, Collection Christophel © Adel productions ; p. 117 - Fleur d'oseille, Collection Christophel © Speva films ; p. 119 - Jeff, Collection Christophel © Warner Bros/Seven arts/Adel productions ; p. 124 - Jeff, Collection Christophel © Warner Bros/Seven arts/Adel productions ; p. 125 - Première du film Phèdre de Pierre Jourdan a l'Opéra de Paris © Jean-Claude Deutsch/Paris Match/Scoop ; p. 124 - Jeff, Collection Christophel © Warner Bros/Seven arts/Adel productions ; p. 129 - Première du film Phèdre de Pierre Jourdan a l'Opéra de Paris © Jean-Claude Deutsch/Paris Match/Scoop ; p. 130 - Sur le tournage de L'Homme pressé © Georges Beutter/Paris Match/Scoop ; p. 133 - Gonflés à bloc © Paramount/Getty Images ; p. 136 - Elle ne boit pas... Collection Christophel © Gaumont internatonal ; p. 139 - Madly, Collection Christophel © Adel productions ; p. 141 - Avec Lautner, © Paris Match ; Melville/Darc/Delon Collection Christophel © DR © ; Il était une fois un flic, Collection Christophel © Gaumont ; Avec Georges Lautner, © Rue des Archives/AGIP ; p. 142 - Mireille Darc, Alain Delon © Daniel Angeli ; p. 143 - Le retour du grand blond, Collection Christophel © Gaumont international ; p. 146 - Le retour du grand blond, Collection Christophel © Gaumont international ; p. 147 - Le grand blond avec une chaussure noire, Collection Christophel © Gaumont international ; p. 148 - La valise, Collection Christophel © Gaumont distribution ; p. 149 - La valise, Collection Christophel © Gaumont distribution ; p. 156 - Rendez-vous avec Alain Delon pour ses 41 ans © Benjamin Auger/Paris Match/Scoop ; p. 157 - Rendez-vous avec Alain Delon pour ses 41 ans © Benjamin Auger/Paris Match/Scoop ; p. 160 - Le téléphone rose, Collection Christophel © Gaumont international/Production 2000 ; p. 161 - Les ringards, Collection Christophel © Les films de l'Alma/Société française de production ; p. 161 - L'homme pressé, Collection Christophel © AMLF ; p. 162 - Sur le tournage de L'Homme pressé © Benjamin Auger/Paris Match/Scoop ; p. 163 - Sur le tournage de L'Homme pressé © Georges Beutter/Paris Match/Scoop.

P. 8, 10, 11, 15, 23, 27, 28, 29, 31, 36, 37, 39, 42, 50, 59, 65, 137, 138, 140 © Collection personnelle de Mireille Darc/DR.

Toutes les autres photographies présentes dans ce livre : © Richard Melloul.